Wilhelm Bruchmüller

Der Kobaltbergbau und die Blaufarbenwerke in Sachsen bis zum Jahre 1653

Wilhelm Bruchmüller

Der Kobaltbergbau und die Blaufarbenwerke in Sachsen bis zum Jahre 1653

ISBN/EAN: 9783743490116

Hergestellt in Europa, USA, Kanada, Australien, Japan

Cover: Foto ©ninafisch / pixelio.de

Manufactured and distributed by brebook publishing software (www.brebook.com)

Wilhelm Bruchmüller

Der Kobaltbergbau und die Blaufarbenwerke in Sachsen bis zum Jahre 1653

Der Kobaltbergbau
und die Blaufarbenwerke in Sachsen
bis zum Jahre 1653.

Inauguraldissertation,
eingereicht bei der hohen philosophischen Fakultät der Universität Leipzig,
behufs Erlangung der philosophischen Doktorwürde

von

W. Bruchmüller.

Crossen a. O. 1897.
Druck und Verlag von Richard Zeidler.

Dem Andenken
meines Vaters.

Einleitung.

Der sächsische Kobaltbergbau, dessen Geschichte bis zum Jahr 1653 auf den nachstehenden Blättern behandelt werden soll, hat seinen Hauptsitz in Schneeberg und seiner Umgebung. Schon viel früher als in der Gegend von Schneeberg hatte der Bergbau um Freiberg begonnen. Die Anfänge des Freiberger Bergbaus fallen in die Regierungszeit des Markgrafen Otto von Meissen und zwar zwischen die Jahre 1162 und 1185. Freiberg selbst wird urkundlich freilich erst 1221 erwähnt, doch gehen seine Anfänge wohl auf die erste Zeit des dortigen Bergbaus zurück[1]). Der Freiberger Bergbau war aber bald in seinen Erträgnissen stetig zurückgegangen, und ein neuer glänzender Aufschwung trat für den sächsischen Bergbau erst in der zweiten Hälfte des 15. Jahrhunderts ein, als man auch ausserhalb der Freiberger Pflege im oberen Erzgebirge Silbererze erschürfte. Schon 1453 liess Kurfürst Friedrich der Sanftmütige das neue Bergwerk „auf dem Schneeberge bei Zwickau" durch seinen Bergmeister und Bergschreiber besichtigen. 1460 und 1466 wird uns eine Fundgrube auf dem Schneeberge genannt, für die die Zwickauer Bürger Marten Romer und Hans Federangel in den genannten Jahren Münzbefreiungen erhalten[2]). Am 14. April 1466

---

[1]) Siehe hierzu: Neues Archiv für sächsische Geschichte Band III pag. 118 ff.: Das Freiberger Bergrecht von W. Herrmann und Hubert Ermisch.

[2]) Siehe hierzu und auch für das Folgende: Heinrich Gebauer: Die Volkswirtschaft im Königreiche Sachsen. 2 Bände. Dresden 1893. Bd. I pag. 471.

erlassen Kurfürst Ernst und Herzog Albrecht eine Bergordnung für die Bergwerke ausserhalb der Pflege Freiberg [3]). Um 1470 wurden dann endlich am Schneeberg ausserordentlich reiche Erzgänge entdeckt, das betreffende Gebiet gehörte damals den Edelen von der Planitz [4]). Nach Schumann [5]) wurde hier am 6. Februar 1471 das erste grosse Silbererzlager erschürft. Bald bildete sich auch eine Ansiedelung in der Nähe, die spätere Stadt Schneeberg, die am 9. December 1481 von Kurfürst Ernst und Herzog Albrecht einen Freiheitsbrief erhielt [6]). Am 12. Mai 1477 erliessen dieselben Fürsten für den Schneeberg die erste Bergordnung [7]). In den letzten Jahren des 15. Jahrhunderts begann sich auch der Bergbau am Schreckenberge, dem jetzigen St. Annaberg, bei dem schon längere Zeit etwas nach Erzen geschürft worden war, zu heben. 1492 finden sich hier reichere Anbrüche, 1497 erhält die neue Stadt am Schreckenberge Stadt- und Bergrecht, St. Annaberg heisst sie seit dem 22. März 1501 [8]).

In allen diesen Bergwerken wurde hauptsächlich nach Silbererzen gegraben. Die Verwendbarkeit des zuweilen auch schon angetroffenen Kobalterzes kannte man damals noch nicht, sein Name wird uns kaum genannt; zuerst findet er sich erwähnt in dem Entwurf einer Bergordnung des Herzogs Georg für die Bergwerke am Schreckenberge 1499/1500 [9]), aber nur um darüber zu klagen, dass durch ihn das Blei verunreinigt werde. Seine

---

[3]) Cod. dipl. Sax. reg. 2. Hauptteil Bd. XIII: Freiberger Urkundenbuch II pag. 456 ff. älteste Schneeberger und Annaberger Bergordnungen. Die hier erwähnte pag. 456—458, die im Folgenden erwähnten ebendaselbst.

[4]) Albinus: Meissnische Land- und Berg-Chronika. Dresden 1590. Bd. II pag. 28.

[5]) August Schumann: Vollständiges Staats-Post- und Zeitungslexikon von Sachsen. Zwickau 1823. Bd. X pag. 454.

[6]) Siehe Gebauer a. a. O.

[7]) Siehe Freiberger Urkundenbuch II pag. 460—464.

[8]) Siehe Freiberger Urkundenbuch II pag. L. (50) XIV.

[9]) Siehe Freiberger Urkundenbuch II pag. 492 f. „Item wil not sein, das unser g. here den von Gossler des bleyes halben schreyb, wie sich die gewerken althalben in seiner gnaden landen beclagt, wie sie ir bley gemeiniglich unrein machen, so man das hie zulesst, findet man vil kobelt und wildigkeit darin, dadurch den gewerken grosser abgangk beschiet."

Verwendbarkeit und künftige Bedeutung kannte man noch keineswegs, man war sogar über sein häufiges Auftreten wenig erbaut, worauf auch sein Name schon hindeutet, den man ihm nach dem neckischen Berggeist Kobalus gegeben haben soll [10]). Sehr oft fand man nämlich an Stelle des erhofften Silbererzes nur Kobalt, der zwar auch den Glanz des Silbers hatte, beim Schmelzen aber kein Silber ergab, weshalb er auf die Halden gestürzt wurde. Erst im Laufe des 16. Jahrhunderts, als der Ertrag der Anfangs sehr „höflichen" Schneeberger Silbergruben beträchtlich nachgelassen hatte [11]), lernte man das vorher verachtete Kobalterz schätzen und nutzbringend verwerten, wodurch man ein wertvolles Ersatzmittel für den immer schwankenden Silberertrag gewann [12]). Über die Anfänge der Kenntnis der Kobaltverwertung wird im folgenden Kapitel die Rede sein. Jetzt müssen wir uns noch der mineralogischen Beschaffenheit des Kobalts, seinen Arten, seinen Erscheinungsgebieten, der Behandelungsart, der Bearbeitung der Kobalterze und seiner Verwendbarkeit wenigstens in etwas zuwenden.

Der Kobalt findet sich nirgends ausser im Meteoreisen gediegen, sondern meistens mit Schwefel und Arsen verbunden und von anderen Metallen wie Nickel, Eisen, Mangan, Kupfer und Wismuth begleitet. Seine hauptsächlichsten Erscheinungsformen sind der Speiskobalt und der Glanzkobalt. Der Speiskobalt, auch Smaltin, enthält meist 28,1 % Kobalt und 71,9 % Arsen, doch wird oft der Anteil des Kobalts durch Eisen und Nickel, der des Arsens durch Schwefel vertreten. Der Glanzkobalt, auch

---

[10]) Schumann a. a. O. pag. 501.

[11]) Um 1500 waren im Schneeberger Revier 13 Silberhütten im Gange, und zwar 8 davon in der Nähe der Stadt selbst und 5 in der Schlema. Doch ging der reiche Silberertrag bald sehr zurück, einesteils weil der Betrieb immer schwieriger, anderenteils weil die Erzführung der Silbergänge immer geringer wurde. 1588 gab es unter den Schneeberger Gruben schon keine Ausbeutezeche mehr und seit 1594 hörte für einige Zeit der Silberertrag vollständig auf.

[12]) Siehe H. Gebauer a. a. O. pag. 527 f. und Erzgebirgische Blätter Teil I. Schneeberg 1795 pag. 248.

Kobaltglanz, oder Kobaltin genannt, enthält 35,54 % Kobalt und 45,18 % Arsen und 19,28 % Schwefel, doch wird gewöhnlich etwas Kobalt durch Eisen ersetzt. Man unterscheidet nun bei dem in Schneeberg sich findenden Kobalt folgende Arten.[13] 1) Speiskobalt — er ist die wichtigste Art wegen seiner Frequenz und seines industriellen Wertes, bei ihm unterscheidet man wieder zwischen weissem und grauen Speiskobalt — 2) Schlackenkobalt. 3) Wismutkobaltkies — er ist seltener, und hat einen Gehalt von bis 3,9 % Wismut. — 4) Schwarzer Erdkobalt — nicht häufig. — 5) Brauner und gelber Erdkobalt — er ist auf mehreren Gruben gefunden, und besteht wohl aus einem Gemenge von zersetztem Speiskobalt und eisenhaltigen Kiesen. — 6) Kobaltblüte — sie findet sich häufig. — 7) Kobaltbeschlag, auch roter Erdkobalt genannt — er findet sich sehr häufig. — Meistens findet man Kobalterze vergesellschaftet mit Nickel- und Wismuterzen. Der gediegene Wismut ist auf den Schneeberger Kobaltgängen nächst dem Speiskobalt das häufigste Erz, aus einem Centner Kobalterz seigert man häufig 1—7 Pfd. Wismutmetall aus — weshalb man in der ersten Zeit der Kobaltverarbeitung oft garnicht zwischen Wismut und Kobalt unterschied und den Kobalt oft schlechtweg als Wismut bezeichnete. — Der gediegene Wismut liebt besonders die Gesellschaft von Speiskobalt, vermeidet dagegen die Nickelerze. Gebauer[14] nennt als in Schneeberg sich findende Kobalterze, Glanzkobalt, Kobaltkies, Speiskobalt, Tessaralkies, Kobaltblüte, Erdkobalt und Kobaltvitriol.

Die Verbreitung des Kobalt auf der Erde ist eine ziemlich beschränkte. Am häufigsten findet er sich im Erzgebirge, in dem sächsischen Teil hauptsächlich bei Schneeberg, dann noch bei Johanngeorgenstadt, Annaberg, Marienberg und, wenn auch selten, auch im Freiberger Revier. Auf der böhmischen Seite

---

[13] Das Folgende ist entnommen einem Aufsatz von Herrm. Müller: Der Erzdistrikt von Schneeberg in Gangstudien oder Beiträge zur Kenntnis der Erzgänge. ed. B. v. Cotta u. Herrm. Müller Bd. III. Freiberg 1860 pag. 117 ff.
[14] Gebauer a. a. O. pag. 442 ff.

des Erzgebirges tritt er auf besonders bei Joachimsthal. An anderen Stellen kommt Kobalt zwar auch noch vor, doch reichen sie an die sächsischen Fundstellen in Betreff der Güte und der Menge des gefundenen Metalls nicht heran [15]). Von grösserer Wichtigkeit sind wohl nur noch die norwegischen Kobaltbergwerke, die aber erst in neuerer Zeit bedeutend geworden sind [16]). In Deutschland findet sich ausser den hier schon genannten Orten Kobalt noch im Saalfeldischen, in Niederschlesien bei Querbach und Gieren, dann im Harz, in Hessen, in Westfalen bei Iserlohn, in der bairischen Pfalz, in Würtemberg. Dann im übrigen Europa in Steiermark, Tirol, Salzburg, in Ungarn bei Dobschau, in Frankreich bei Allemont in der Dauphiné, in England, in den Pyrenäen, in Norwegen, wie schon oben erwähnt, bei Fossum und Modum, in Schweden in Westermannland und im Kaukasus.

Über den Verarbeitungsprocess giebt uns kurz Gebauer [17]) einigen Aufschluss, dem ich im Folgenden das Wort gebe: „Bei der Bearbeitung der Kobalterze, in denen der Kobalt in der Regel mit Wismut, Nickel, Eisen, Arsenik, Schwefel und Antimon verbunden ist, wird aus ihnen zunächst durch Saigern — ein Schmelzungsprocess — das leichter flüssige Wismut entfernt, worauf sie gepocht und in Flammenöfen wiederholt geröstet werden. Dabei entweicht der Arsenik, der in Giftfängen als Giftmehl gesammelt wird, und das Kobalterz wird porös und oxydiert so leichter. Je mehr Sauerstoff es anzieht, desto mehr färbt es. Bei dem Rösten setzen sich Arsenik, Schwefel, der etwa noch vorhandene Wismut und der mit allen diesen Stoffen verbundene Nickel als Kobaltspeise auf dem Boden des Röstheerdes ab. Das Endergebnis dieses Processes ist das Kobaltoxyd, im Handel als Safflor oder Zaffer bekannt, ein graubraunes

---

[15]) Siehe über die weitere Verbreitung des Kobalts in Europa: Friedrich Kapff: Beyträge zur Geschichte des Kobolts, Koboltbergbaus und der Blaufarbenwerke. Breslau 1792.

[16]) Das Kobaltbergwerk zu Modum im südlichen Norwegen gehört jetzt dem sächsischen Blaufarbenwerkskonsortium. Gebauer a. a. O. pag. 448.

[17]) Gebauer a. a. O. pag. 447 f.

VIII

Pulver, das zur Blauglasur von Töpferwaren, zur Blaumalerei auf Porcellan und zum Färben von Glas und Emaille verwendet wird. Um aus dem Kobaltoxyd des Kobaltblau zu gewinnen, wird ersteres mit Pottasche gemengt, und zu einer als „Fritte" bezeichneten Glasmasse geschmolzen, welche man mit eisernen Löffeln in eine grosse Kufe schöpft, durch die ununterbrochen kaltes Wasser fliesst. Dadurch erhält das Blaufarbenglas die hochblaue Farbe, und wird so spröde, dass es geklopft und gemahlen werden kann. So wird die blaue Farbe oder Smalte gewonnen, die gesiebt, geschlämmt, und schliesslich durch Haarsiebe sortiert wird. Durch das Schlämmen der Smalte werden die salzigen Bestandteile beseitigt, auch wird dadurch die Trennung der verschiedenen Farbensortimente ermöglicht, unter denen man feine, mittlere und ordinäre Smalte, Couleur, Eschel, böhmischen Eschel, Stückeneschel und Mittelblausand unterscheidet."

Verwendet wird diese blaue Farbe als Malerfarbe hauptsächlich zum Blauen und Bleichen von Papier und weissen Zeugen.

Kapitel I.

Die Anfänge der Kobaltgewinnung und Kobaltverwertung in Schneeberg. Die Zeit bis 1609.

Die ersten Anfänge der Kobaltverarbeitung und überhaupt der Kenntnis seiner Verwertbarkeit in Schneeberg sind in Dunkel gehüllt. Die Akten des von mir für meine Arbeit hauptsächlich benutzten sächsischen Hauptstaatsarchivs in Dresden geben hierüber keine Auskunft. Ebenso waren meine Anfragen in Nürnberger und holländischen Archiven ohne Erfolg.[1] Dies mag für den ersten Augenblick befremdlich erscheinen, da wir wissen, dass sich schon seit den ersten Anfängen des Schneeberger Bergbaus nürnberger und augsburger Handelshäuser an ihm beteiligten,[2] und dass, wie wir sofort sehen werden, die uns im übrigen erhaltenen, sehr fragmentarischen Nachrichten über die ersten Anfänge des Schneeberger Kobaltbergbaus, sämmtlich nach Nürnberg als dem Hauptabsatzort für diese Erzeugnisse hinweisen. Mir scheint dies gänzliche Fehlen von Aktenmaterial aus der ältesten Zeit nur die Annahme zuzulassen, dass die

---

[1] In Nürnberg habe ich mich gewandt an das Germanische Nationalmuseum, das Bayerische Gewerbemuseum, das städtische Archiv und an das königl. bayer. Kreisarchiv. In Holland habe ich angefragt bei dem Reichsarchiv im Haag, dem städtischen Archiv in Amsterdam und bei Herrn Brugmann, Bibliothekar an der Universitätsbibliothek in Groningen. Letztgenannter Herr teilte mir mit, dass allerdings im 17. Jahrhundert bei Amsterdam grossartige Blaufärbereien bestanden hätten, die holländische und englische Tuche färbten. Für die Anfänge im 16. Jahrhundert erhielt ich jedoch nirgends eine Auskunft.

[2] Ehrenberg: Das Zeitalter der Fugger Bd. I pag. 189.

Anfänge der Farbfabrikation aus Kobalterzen sehr bescheiden gewesen sind, besonders da auch andere Angaben dafür sprechen, und dass auch hier, wie so oft, der neu erfundene Artikel das Bedürfnis nach ihm erst geweckt und sich so allmählich ein weiteres Absatzgebiet geschaffen hat. Weiter spricht für diese Vermutung der Umstand, dass erst im Anfang des 17. Jahrhunderts die kurfürstlich sächsische Regierung diesem Zweig des Schneeberger Bergbaus eine erhöhte Aufmerksamkeit zuwendet, und ihn im fiskalischen Interesse zu einer Staatsunternehmung zu machen sucht. Wir sind also für die ersten Anfänge einzig und allein auf einige ziemlich unsichere Angaben späterer Chronisten und sonstiger Schriftsteller angewiesen, aus denen sich feste Resultate nicht gewinnen lassen.

Der Erfinder der blauen Farbe soll ein Franke, Peter Weidenhammer gewesen sein, der in Schneeberg sich niederliess und dort seit 1520 aus Wismutgraupen eine blaue Farbe herstellte, die er den Centner für 25 Reichsthaler nach Venedig verhandelte.[3]) Gebauer[4]) meint, dass die von Weidenhammer hergestellte Farbe eine Fritte oder gesinterte Masse gewesen sei, die man in Venedig zur Herstellung blauer Glasperlen verwendet habe. Weiter vervollkommnet haben soll dann die Erfindung der blauen Farbe ein Glasmacher Christian Schürer aus Platten in Böhmen.[5]) Er besass die Eulenhütte in Neudeck, in welcher er Glas fabrizierte. Hier soll er nun um 1540 aus Schneeberger Kobalt durch Schmelzen und Zusetzung von Asche eine blaue Farbe für Töpfer hergestellt haben. Von dieser Schürerschen Farbe seien dann Proben nach Nürnberg gekommen und dort von Holländern gesehen worden. Die Holländer gingen nun selbst nach Neudeck und überredeten Schürer, mit ihnen nach Magdeburg zu gehen, um dort für sie aus Schneeberger Kobalt blaue Farbe herzustellen. Später hätten aber diese Holländer, nachdem sie das Geheimnis

---

[3]) **Christoph Melzer**: „Bergkläufftige Beschreibung der Churfl. Sächss. freyen und im Meissnischen Ober-Ertz-Gebürge löbl. Bergkstadt Schneebergk..." Schneeberg 1684 pag. 469. Auf Melzer fussen die Angaben von Moritz Gerber: Die sächsischen Privat-Blaufarbenwerke in der Vergangenheit und Gegenwart pag. 9. Und auf Gerber wiederum Heinrich Gebauer. a. a. O. Bd. II pag. 442 ff.

[4]) Siehe Anm. 3.

[5]) Siehe über Christian Schürer: Sammlung vermischter Nachrichten zur sächsischen Geschichte Bd. IV 1764—1774. pag. 303 ff. Ferner Moritz Gerber a. a. O. pag. 10—13 und Heinrich Gebauer a. a. O. II pag. 442 ff.

Schürers ihm abgelernt, ihn wieder heimgeschickt, wo er dann in Neudeck erst eine Hand- dann eine Wasserfarbmühle angelegt habe. Der Centner solcher Farbe habe damals am Orte $7^{1}/_{2}$ Thaler gegolten, in Holland aber 50—60 Gulden. Die Holländer hätten sofort in ihrem Lande 8 Farbmühlen gebaut und den dazu nötigen Kobalt geröstet in Fässern aus Schneeberg bezogen.

Wir hätten uns also nach diesen Quellen die Herstellung der Safflorfarbe in Schneeberg anfangs keineswegs als in den Händen einzelner grosser Unternehmer ruhend zu denken;[6] — in der That erfolgt ein erstmaliger Versuch dazu erst später. — Die einzelnen kleinen Kobaltgewerken verarbeiteten vielmehr wohl für sich den von ihnen gewonnenen Kobalt, und verkauften ihn an nach Schneeberg kommende Faktoren ausländischer Kaufleute, die ihn von Schneeberg nach Nürnberg führten und von da weiter verhandelten, z. B. nach Venedig, oder die Gewerken führten ihr Produkt auch wohl selbst nach Nürnberg.[7]

Um wie kleine Mengen es sich dabei immer noch im Einzelnen handelte, und wie unselbständig man in Schneeberg noch bei Beurteilung des Wertes der hergestellten Safflorfarben war, so dass man im Streitfalle die Entscheidung des geschworenen Probierers in Nürnberg einholte, zeigt uns das älteste von mir benutzte Aktenstück vom Jahre 1546.[8]

---

[6] Wir stehen hier schon in der Zeit der auf den grossen geldwirtschaftlichen Aufschwung seit dem 15. Jahrhundert in Deutschland folgenden naturalwirtschaftlichen Reaktion. Die Blütezeit der grossen kapitalkräftigen oberdeutschen Handelshäuser ist vorüber. Mit dem allmählichen Verlust ihrer Welthandelsstellung an die Niederländer geht auch ihre Kapitalkraft zurück, sie konnten sich nicht mehr wie früher an weitausschauende, grosse Kapitalien erfordernde, bergbauliche Unternehmungen wagen, und wir begegnen daher überall einem Rückgang des Bergbaus. Dies war natürlich dem Aufblühen eines neuen Zweiges des Bergbaus hinderlich; bei dem Fehlen grosser freier Kapitalien konnte er nur in den bescheidenen Grenzen einzelner kleiner Unternehmungen sein Dasein fristen. Siehe hierzu Lamprecht: Deutsche Geschichte Bd. V,2. pag. 476ff, pag. 489ff.

[7] Siehe hierüber unter anderem die Einleitung zu dem Privileg. Kurfürst Augusts an Harrer und Jenitz vom Jahre 1575. H. St. Arch. Dresden. G. Fin. Arch. Rep. IXb Abt. C. No. 12 Fasc. I fol 1—4. Den Wortlaut des Privilegs siehe in der Beilage No. I zu dieser Arbeit.

[8] Dasselbe findet sich H. St. Arch. Dresden. G. Fin. Arch. — im Folgenden werde ich diese Bestimmung fortlassen, da mein sämmtliches Aktenmaterial von dieser Stelle stammt — Rep. IX Loc 36196 No. 3150 fol. 2—3. Es ist dies das Schreiben eines gewissen Paul Pudloff auf dem Schnee-

In der Kenntnis der Technik der Farbbereitung scheint man dagegen ziemlich rasche Fortschritte gemacht zu haben, denn schon seit dem Ende der sechziger Jahre des 16. Jahrhunderts hatte man auch in Schneeberg selbst begonnen, aus dem Safflor eine blaue Lasurfarbe herzustellen.⁹) Der Unternehmer war der kurfürstlich sächsische Hüttenverwalter und Richter Christoph Stahl, dieser errichtete 1568 in Scheeberg eine Schmelzhütte nebst Pochwerk, Schmelzofen und Farbenmühle, in der er eine blaue Lasurfarbe für Maler herstellte. Über den Umfang seines Werkes ist nichts bekannt, doch wird derselbe nicht gross gewesen sein, da wir Stahls Unternehmen nur gelegentlich erwähnt finden, und die Herstellung einer Malerfarbe naturgemäss nicht ins Grosse getrieben werden konnte. Auch hat dieses Werk nicht lange bestanden. Durch eine grosse Wasserflut im Jahre 1573 wurden Schmelzhütte, Pochwerk und Mühle nebst einem beträchtlichen Vorrat fertiger Lasurfarbe fortgerissen. Stahl soll aus Schmerz über diesen Verlust schwer erkrankt sein, zwar brachte er seine Schmelz- und Farböfen nun in der lange nicht gebrauchten kurfürstlichen Katharinenneufangshütte in Neustädtlein bei Schneeberg unter [10]), doch starb er schon 1574.

Nach Stahls Tode knüpft sich an seine Unternehmung der erste Versuch, den Safflorhandel und die Bereitung der blauen Lasurfarbe zu einem Unternehmen grösseren Massstabes aus-

---

berg an den kurfürstlichen Poch- und Amtsverweser auf dem Schneeberg Paul Schmiedt, vom Sonnabend nach Ursula (16. October) 1546. Pudloff klagt in dem Schreiben über einen gewissen Wolff Hopfenstein, dem er auf dessen Bitte mehrere Centner Farbe verkauft habe, zuerst habe Hopfenstein auch die Farbe bezahlt, später gelieferte sei er dann aber schuldig geblieben und zwar 21 fl. 15 gl. Als dieser trotz vieler Mahnungen und Zahlungsversprechungen immer weiter gezögert, hat ihn nun Pudloff bei dem Bergmeister und den Berggeschworenen verklagt, Hopfenstein habe vor diesen behauptet, die verkaufte Farbe sei kein „Kaufmannsgut" d. h. minderwertig gewesen, darauf hat der Bergmeister entschieden, der Kläger solle sich nach Nürnberg begeben mit Proben von der betreffenden Farbe, würden diese dort als gut befunden, so solle Hopfenstein bezahlen. Pudloff hat von 3 Fässern Proben genommen und sie dem geschworenen Probierer in Nürnberg vorgelegt, der ihm schriftlich bescheinigt habe, dass die Farbe gut und rechtschaffen sei; da Hopfenstein trotzdem weiter die Bezahlung verweigert, weil die Proben nicht von allen, sondern nur von 3 Fässern genommen seien, so bittet Pudloff, von amtswegen Hopfenstein zur Zahlung zu veranlassen.

⁹) Rep. IX Loc. 36118 No. 1683.
[10]) Melzer a. a. O. pag. 187.

zugestalten. Selbstverständlich war es nach dem Geiste der Zeit, dass dieses Unternehmen zuerst gegen jegliche Konkurrenz durch ein staatliches Verbot derselben geschützt wurde. Aber trotz der Energie und der Geschäftsgewandheit und der grösseren Kapitalmacht der beiden Unternehmer, die auch sonst in Bergwerkssachen erfahrene Grossindustrielle und Grosskaufleute waren, ist dieser Versuch fehlgeschlagen. Die beiden Unternehmer waren die bekannten vertrauten Ratgeber Kurfürst Augusts, der Kammermeister Hans Harrer und der Kammersekretair Hans Jenitz[11]). Beide wandten sich 1575 mit der Bitte an den Kurfürsten, ihnen ein Privileg zu erteilen, nach dem ihnen erlaubt sein sollte, ein Lasurwerk einzurichten, und ihnen allein auf 10 Jahre der Graupeneinkauf von dem Wismut und der Safflorfarbe in Schneeberg zustehen solle, sodass nur an sie während dieser Zeit die Kobaltgewerken ihre bereitete Safflorfarbe verkaufen dürften. Sie geben an, dass sie seit 14 Jahren bemerkt hätten, wie der in Schneeberg und Umgegend gefertigte Safflor dort durch die Faktoren ausländischer Kaufleute aufgekauft und ausser Landes nach Nürnberg geschafft würde, und von da nach Welschland, nach Venedig und anderen Orten ginge. Aus diesem Safflor werde Lasur- und andere blaue Farbe hergestellt und nachher teuer verhandelt. Durch emsiges Nachforschen und mit Aufwand grosser Kosten seien sie hinter das Geheimnis der Bereitung der blauen Farbe gekommen, und wollten nun ein solches Werk anlegen, da sie aber fürchten müssten, dass sich bald auch andere mit der Farbbereitnng beschäftigen würden, so bäten sie um das oben erwähnte Privileg. — Das Werk des Stahl wird von ihnen mit keiner Silbe erwähnt, dass sie dies wagen durften, beweist, dass Stahls Werk nicht gross gewesen sein kann. —

Dieses Privileg[12]) erteilt ihnen Kurfürst August zu Neustadt an der Orla am 15. November 1575, danach dürfen Harrer und Jenitz das erbetene Lasurwerk einrichten, und sie allein haben für die nächsten 10 Jahre den Einkauf der Wismutgraupen oder Safflorfarbe in Schneeberg, die sie nach Belieben verhandeln und verarbeiten dürfen. Den Gewerken sollen sie dafür denselben

---

[11]) Näheres über diese beiden Männer findet man in 2 Aufsätzen Georg Müllers, über Harrer im Neuen Archiv für sächs. Gesch. Bd. XV 1894 pag. 63—118, über Jenitz in den Dresdner Geschichtsblättern 1893 II. Jahrgang No. 4.

[12]) Rep. IXb Abt. C. No. 12 Fasc. I fol. 1—4. In der Beilage No. I zu dieser Arbeit sein Wortlaut.

Preis geben, den diese seit vielen Jahren bisher von den ausländischen Kaufleuten erhalten haben. Niemand darf sich während dieser 10 Jahre ohne ihren Willen mit der Farbbereitung befassen, noch die Wismutgraupen oder Safflorfarbe aufkaufen und ausser Landes führen.

Dies Unternehmen erfüllte aber nicht die Erwartungen, die man darauf gesetzt hatte. Schneeberg war, wie natürlich, der Hauptherstellungsort für den Safflor, der nach wie vor wohl meist von den Kobaltgewerken selbst hergestellt und dann an Harrer und Jenitz verkauft wurde. Der Lasurhof befand sich in Dresden. Aber trotz mannigfaltiger Bemühungen machte der Absatz der fertiggestellten Farben grosse Schwierigkeiten, auch befassten sich trotz des kurfürtlichen Privilegiums in Schneeberg viele mit der Lasurfarbbereitung und dem verbotenen Safflorverkauf besonders an Nürnberger Konkurrenten, die wohl auch böhmischen Kobalt verarbeiteten und auf den Markt brachten, besonders war mit Lasurfarbe nichts zu machen. Wir haben aus dem Jahre 1579 zwei Briefe Hans Harrers an auswärtige Kaufleute, die den Zustand gut beleuchten und uns zeigen, wie Harrer sich bemüht, für seine Fabrikate ein Absatzgebiet zu schaffen. Der erste dieser Briefe vom 15. Februar 1579[13]) ist an Konrad Roth in Augsburg gerichtet. Harrer klagt in ihm, dass er viel Geld aufgewendet habe für den Einkauf des Safflors und die Bereitung der Lasurfarbe, trotzdem wolle es immer noch an guter Nachricht mangeln, wohin es mit den Farben hinaus solle. Er könne sie nur mit Schaden verhandeln. Jüngst habe er dem Hieronymus Kramer einige Sorten Lasurfarbe mit nach Lissabon gegeben, doch habe dieser wenig mit ihnen ausgerichtet und sie schliesslich dort liegen lassen. Nun habe er, Harrer, aber einen ziemlichen Vorrat liegen, den er gerne absetzen wolle, und bitte deshalb den Adressaten um Rat, wohin er sich damit wenden solle. Der zweite Brief vom 24. Mai 1579[14]) ist an Georg Meiniel in Nürnberg gerichtet. Harrer macht Meiniel hierin den Vorschlag, er wolle ihm, den Meiniel, allein seine Safflorfarbe überlassen und dafür Sorge tragen, dass im Kurfürstentum Sachsen an niemand weiter Safflor verkauft werde. Harrer will den Centner in Dresden um 5 fl. liefern. Er habe dort 6000 Centner in Vorrat

---

[13]) Loc. 12622. Cop. 376e I fol. 256.
[14]) Loc. 12622. Cop. 376e II fol. 95, 96.

und lasse in Schneeberg und Annaberg fort und fort mehr machen. Nach Müller[15]) kam aber auch hier kein Ausgleich mit diesem Nürnberger Konkurrenten zu Stande. Der Passus in diesem Brief, dass dafür gesorgt werden solle, dass im Kurfürstentum Sachsen an niemand anders Safflor verkauft werden solle, als an Meiniel, wenn er auf Harrers Anerbieten eingehe, deutet wohl auf die auch später ausgeführte Absicht hin, den Kurfürsten aufs neue um ein Verbot des privilegiumswidrigen Safflorhandels in Schneeberg anzugehen. Natürlich musste der Umstand, dass ihr Privilegium so vielfach in Schneeberg umgangen wurde, wie es geschah, auswärtige Kaufleute abhalten, mit Harrer und Jenitz in Verbindung zu treten.

Noch im Jahre 1579 wenden sich Harrer und Jenitz mit einer Beschwerde darüber an Kurfürst August. Trotz des ihnen erteilten Privilegs hätten sich jetzt viele in Schneeberg — es seien ihrer über 20 —' daran gemacht, die Wismutgraupen und den Kobalt aufzukaufen und zu Farbe zu verarbeiten, die füllten nun alles, es sei für die Farbe dienlich oder schädlich, in Fässer und wollten es für gute Safflorfarbe bezahlt haben. Deshalb sei es gekommen, dass sie, die während der 4 Jahre ihres Privilegiums schon einige tausend Gulden in die Unternehmung gesteckt hätten, das meiste von der gefertigten Safflor- und Lasurfarbe noch nicht hätten verkaufen können. Mehrere Schneeberger Einwohner hätten auch entgegen dem Privileg einen höheren Preis für ihren Safflor gefordert, und als dieser ihnen nicht gewährt worden sei, die Farbe teils heimlich bei Nacht, teils öffentlich auf der Achse nach Regensburg und Nürnberg, teils zu Wasser auf der Elbe anderswohin verkauft. Harrer und Jenitz bitten deshalb um die Erneuerung ihres Privilegs, sowie um seine Verlängerung auf weitere 4 Jahre und um ein scharfes Verbot gegen die eben erwähnte Kobalt- und Safflorpartirerei.

Kurfürst August erfüllt diesen Wunsch und erneuert am 1. Januar 1580 das Privileg bis 1589[16]). Den Privilegierten allein steht der Verkauf aller Wismutgraupen, Kobalts und Safflorfarbe zu. Die Gewerken dürfen zwar ihren Wismut und Kobalt selbst zu Safflor verarbeiten, doch müssen sie ihn dann an Harrer und Jenitz den Centner für 10 Groschen wie bisher verkaufen. Ein

---

[15]) Müller Dresdner Geschichtsblätter a. a. O.
[16]) Rep. IXb Abt. C. No. 12 Fasc. I. fol. 5—8 und Rep. IXb Cap. IX Ab No. 4 Loc. 41814 fol. 4—6.

Verkauf an andere wird mit 200 Thalern Strafe und mit Verlust der betreffenden Waare, die an Harrer und Jenitz fällt, bedroht. Trotzdem wollte auch jetzt das Unternehmen nicht in Gang kommen, und nach dem Tode des Jenitz 1589 — Harrer war schon 1580 gestorben — und dem Ablauf des Privilegs in dem gleichen Jahre ist es nicht wieder erneuert worden. Der Versuch den Schneeberger Kobalt- und Farbhandel dauernd zu organisieren und blaue Farbe in Sachsen selbst herzustellen war damit fürs erste gescheitert. Wir werden zwar gleich von einem neuen Versuch hören, ein Privilegium zur Herstellung blauer Lasurfarbe in Sachsen zu erlangen, wenn auch in sehr bescheidenen Grenzen, aber es scheint, als ob dieser Versuch nie ins Leben getreten ist, oder jedenfalls nie grössere Bedeutung erhalten hat, da wir von ihm später nicht das geringste mehr hören. Den Schneeberger Kobaltgewerken ist der Verkauf ihres hergestellten Safflors wahrscheinlich wieder freigestellt worden. So räumt ihnen Kurfürst Christian 1591 gegen einen jährlichen Zins und die Verpflichtung sie baulich zu erhalten, die kurfürstliche Katharinenschmelzhütte bei Schneeberg zum Behuf der Safflorbereitung ein.[17])

Der von mir eben erwähnte Versuch, nach Jenitz Tode ein neues Privileg für die Lasurfarbbereitung in Sachsen zu erlangen, ist deshalb von grossem Interesse, weil man aus den beiden uns über ihn erhaltenen Aktenstücken noch eine nachträgliche Beurteilung des Harrer-Jenitz'schen Unternehmens kennen lernt. Im Jahre 1592 wendet sich ein Schwager des oben genannten Christoph Stahl, Hans Wörner, an den Herzog Friedrich Wilhelm von Sachsen, den damaligen Administrator des Kurfürstentums[18]) mit der Bitte, ihm und seiner Schwägerin Margaretha, der Witwe des verstorbenen Christoph Stahl, ein Privileg auf 6 Jahre für die Lasurfarbenmacherei zu erteilen. Nach Stahls Tode 1574 hätten Jenitz und Harrer für sich dafür ein Privileg bei Kurfürst August bis 1589 erwirkt, diese hätten sich bei der Anfertigung der blauen Farbe der Hülfe eines welschen Mannes bedient und

[17]) Rep. IX Loc. 36316 No. 4293a fol. 15.
[18]) Rep. IX Loc. 36118 No. 1683. Das Aktenstück ist ohne Angabe eines Datums und einer Jahreszahl, doch muss es aus dem Jahre 1592 stammen, da in ihm gesagt wird, dass vor 3 Jahren das an Harrer und Jenitz erteilte Privileg abgelaufen sei, dies war 1589 der Fall. Und zwar ist diese Bittschrift vor dem 4. Mai 1592 geschrieben, da am 4. Mai dieses Jahres der Bergmeister Wolf Pezold von dem Administrator von Sachsen Herzog Friedrich Wilhelm aufgefordert wird, sich dazu gutachtlich zu äussern.

das Pfund blaue Lasurfarbe für einen Gulden verkauft. Er, Wörner, habe nun wieder eine Hütte, Schmelzofen und Farbmühle erbaut, und an 30 Centner allerlei Vorrat zum Farbmachen zusammengebracht, und wolle er das Pfund schöne und gute blaue Lasurfarbe für $10^1/_2$ Groschen verkaufen. Der zu einem Gutachten hierüber vom Administrator aufgeforderte Bergmeister Wolf Pezold äussert sich hierzu am 12. Juni 1592 sehr günstig und empfehlend.[19]) Das Privileg des Harrer und Jenitz sei für den Bergbau keineswegs günstig gewesen, da sie den armen Bergleuten für den Centner Safflor nur 14, 12, 11 und später nur 10 Groschen gegeben, und diese an sie hätten verkaufen müssen. Dagegen hätten Jenitz und Harrer den Centner an andere Leute und fremde Nationen für 3 fl. und noch teurer verkauft, hätten sie aber aus dem Safflor Lasurfarbe gemacht, so hätten sie das Pfund von dieser um 1 fl. und teurer verkauft, dabei habe der Kurfürst an Abgaben, Zehnten, Zwanzigsten und Neunundzwanzigsten von ihnen garnichts erhalten. Pezold habe nun mit Wörner mündlich verhandelt, ob die Bergleute etwa verbunden sein sollten, ihren Safflor auch an ihn zu verkaufen; Wörner habe dies aber verneint, er wolle nur Lasurfarbe machen, und keinem an dem freien Verkauf seines Wismuts und Safflors hinderlich sein. Auch könne er jährlich nicht mehr als $1^1/_2$ Centner Lasurfarbe an die Maler im Kurfürstentum verkaufen; sein Pochwerk und Mühle habe er in Dresden eingerichtet, seine Frau wisse mit dem Farbmachen gut Bescheid, und wolle er das Pfund blaue Lasurfarbe für $^1/_2$ Gulden verkaufen. Sei das Werk anfangs auch nur klein, meint Pezold, so könne es doch, wenn ihm das Privileg gegeben werde, und er gute Farbe mache und diese auch ins Ausland zu vertreiben suche, bei dem billigen Preise, bald an Ausdehnung gewinnen. Es gebe in Sachsen wenige Leute, die es verständen Lasurfarbe zu machen, es solle ihm daher das Privileg erteilt werden, doch soll dem Kurfürsten von dem Werk der Zwanzigste und Neunundzwanzigste wie von anderen mineralischen Sachen reserviert werden.

Wie gesagt, wissen wir nicht, ob dieses Privileg dann wirklich erteilt worden ist, zu irgendwelcher Bedeutung ist dieses Werk jedenfalls für die sächsische Blaufarbenbereitung nicht gelangt; in der Folgezeit ist in Sachsen überhaupt keine blaue Farbe mehr bereitet worden, bis man sich in den vierziger Jahren

---

[19]) Rep. IX Loc. 36118 No. 1683.

des folgenden Jahrhunderts allmählig hierin mit Erfolg von der ausländischen Abhängigkeit zu emanzipieren begann und selbst mit Erfolg in Sachsen Blaufarbenwerke errichtete, — siehe unten Kapitel 3.

Den freien Safflorhandel der Kobaltgewerken wollte Wörner in seinem Plane von Anfang an unbehelligt lassen. Wir wenden uns jetzt den Versuchen zu, diesen Safflorhandel im fiskalischen Interesse mehr auszubeuten und zu einer rein staatlichen Unternehmung zu machen.

Mit der immer weitergehenden Ausbildung einer umfassenden Centralverwaltung im 16. Jahrhundert griffen die einzelnen Landesregierungen immer mehr in das gesammte Wirtschaftsleben ihrer Länder ein. Bis in das Einzelne hinein wurde alles durch obrigkeitliche Verordnungen geregelt, jede grössere Unternehmung bedurfte der landesfürstlichen Privilegierung, wie wir dies für unser Gebiet schon oben kennen gelernt haben. Damit wandelte sich allmählig die Anschauung von der fürstlichen Landeshoheit dahin, dass man das ganze Land beinah als das private Eigentum des Fürsten zu betrachten begann, als „ein persönliches Herrsch- und Wirtschaftsgebiet". Der Grund und Boden erscheint nun fast als das persönliche Eigentum des Fürsten, der Unterthan bedarf zu dessen Benutzung der Erlaubniss des Landesherrn, und muss eine solche entsprechend bezahlen. Diese Anschauung führte auf den Bergbau angewandt zu einer vollständigeren Entwickelung des fürstlichen Bergregals. Dem Fürsten stand jetzt das Recht zu, den Betrieb aller Bergwerke auf eigene Hand zu übernehmen.[20]) Diese Anschauungen machten sich nun um die Wende des 16. und 17. Jahrhunderts auch bei dem Schneeberger Kobaltberghau mit voller Kraft geltend, und ihre Durchführung ermöglichte bald die Heranziehung grösserer ausländischer Kapitalien, indem die Fürsten, die sich um diese Zeit in fast ständiger Geldverlegenheit befanden, die Ausnutzung ihres Bergregals für bestimmte Darlehen an grössere ausländische Kaufleute überliessen, welche sich sehr gern ihre dargeliehenen Summen gerade in dieser Weise sicher stellen liessen, da sie in ihnen eine grössere Garantie besassen, als in der oft sehr unsicheren persönlichen Haftbarkeit ihrer fürstlichen Schuldner.[21])

---

[20]) Siehe hierzu Lamprecht: Dt. Geschichte Bd. V, 2 pag. 529ff.
[21]) Vergleiche Ehrenberg: Das Zeitalter der Fugger Bd. I pag. 374f und pag. 408.

Aus dem Jahre 1603 hören wir zuerst von einer genaueren landesfürstlichen Ueberwachung der Safflorherstellung in Schneeberg, in diesem Jahre haben nämlich der Bergmeister und die Berggeschworenen an den Kurfürsten berichtet, dass sich dort in Schneeberg Leute mit der Safflorbereitung abgäben, die gar keine Kobalt- oder Wismutzechen bauten. Darauf verfügt Kurfürst Christian II. am 25. Februar 1603 [22]), dass es künftig niemand erlaubt sein solle, Kobalt oder Wismut zu kaufen oder zu verkaufen, ehe dieser nicht von dem Bergmeister oder den Berggeschworenen besichtigt und festgestellt worden sei, ob er frisch aus der Grube gebrochen worden oder aber „aus den Hallen gekleynet" sei, „dadurch allerhand böser Verdacht vorkommen werde"[23]). 1606 treffen wir auf eine zweite, den Kobaltbergbau befördernde Verordnung Kurfürst Christians II.[24]) Es heisst darin, es erscheine dem Kurfürsten bedenklich, den Gewerken von der Farbe den Zehnten abnehmen zu lassen, bisher sei vom Wismut und der daraus hergestellten Farbe von jedem Centner 6 Groschen an den kurfürstlichen Zehnter gegeben worden, von nun an solle wie vom Schwefel und vom Kupferwasser auch von der Farbe der 20. an den kurfürstlichen Zehnter abgeliefert werden. Bisher haben wir also nur ein stärkeres direktes Einwirken des Landesherrn auf diesen Zweig des Bergbaus in Schneeberg konstatieren können, aber noch keinen Versuch, die Safflorbereitung und den Handel damit auf Grund des landesherrlichen Bergregals zu einer fiskalischen Unternehmung zu machen, dies tritt erst im Jahre 1609 ein.

Zunächst zieht der Kurfürst im Januar 1609[25]) die holländischen Kaufleute zu einer Steuer für die von ihnen in Schneeberg aufgekauften Farbwaren heran, und ordnet eine schärfere Ueber-

---

[22]) Rep. IXb Abt. C. No. 12 Fasc. I fol. 9.

[23]) Auf die Hallen oder Halden hatte man in früherer Zeit, ehe man den Wert des Kobalts kannte, das damals unwerte Mineral, wenn es aus den Gruben gefördert werden musste, gestürzt, jetzt nun suchte man den Haldenkobalt wieder hervor und „kleyute" ihn heraus. Dieser Kobalt war natürlich billiger zu gewinnen als der, welcher frisch aus den Gruben gebrochen werden musste. Dem Kurfürsten musste aber daran gelegen sein, dass der Bergbau erhalten bleibe und nicht durch diesen billigen Haldenkobalt eine Konkurrenz erhalte.

[24]) Rep. IXb Abt. C. No. 12 Fasc. I fol. 10—11 und fol. 11—12.

[25]) Rep. IX Loc. 36197 No. 3153 fol. 19—21 (14. Jan. 1609)

wachung ihrer Ausfuhr an. Es heisst in der betreffenden Verfügung, holländische Kaufleute hätten in dem letztverflossenen Quartal über 4000 Centner Safflorfarbe gekauft, um sie nach Holland, England und Spanien zu führen. Hiervon habe der Kurfürst bisher noch keine Bergsteuer gehabt, aus dem 20. komme nur wenig ein, dagegen müsse der Kurfürst noch immer etwas zur Erhaltung des Hauptstollen beitragen. Deshalb solle von jedem verkauften Centner Safflor ein Ortsgulden als Wag- oder Bergsteuer genommen werden. Diese Steuer falle auf die Fremden, und diese würden deshalb nicht ausbleiben, da der Absatz für die Waaren ein guter sei. Alle Farbe solle zum Behuf dieser Versteuerung in Schneeberg von einem Bergamtsschreiber und Wagemeister gewogen und aufgeschrieben werden, ein Steuerunterschleif wird mit einer Strafe von 500 fl. und Verlust des Gutes bedroht. Jedes Fass solle mit einem bestimmten Brandzeichen versehen werden, und der Rat von Zwickau, durch welche Stadt die meiste Farbe abgeführt werde, solle angewiesen werden, alle Farbfässer, die ohne dies Zeichen seien, anzuhalten und ihnen kein Geleit zu geben. Aus dieser letzten Bemerkung ersehen wir, dass jetzt nicht mehr Nürnberg, von wo aus in früherer Zeit viel Safflor auch nach Italien, besonders nach Venedig verhandelt wurde, der Haupthandelsplatz für diesen Artikel war, sondern dass jetzt die Holländer auch hierin dominierten, denn über Zwickau gingen die Waaren die Elbe hinab über Hamburg nach den Niederlanden. In demselben Jahre wendet sich nun ein gewisser Lorenz Berckau aus Joachimsthal an den Kurfürsten[26]) mit dem Vorschlage, der Kurfürst solle den Verkauf der Farben selbst in die Hand nehmen. Es würden von Schneeberg, so führt Berckau aus, jährlich grosse Mengen an Farbe und Kobalt nach Hamburg, Holland und Seeland geführt, zuweilen „auf eine Zeit" für 20—24000 fl. Davon erhalte der Kurfürst nur geringen Tribut, dabei sei alles zum Farbmachen in Sachsen vorhanden, er, Berckau, mache sich anheischig, aus gutem Schneeberger Kobalt den Centner gutes Farbglas für den halben Preis herzustellen, den es in den Niederlanden und Hamburg koste. Deshalb kauften auch die Niederländer viel lieber gemachtes Farbglas als die rohe Farbe — den Safflor. — Wenn der Kurfürst den Verkauf der Farben an sich

---

[26]) Rep. IX Loc. 36197 No. 3153 fol. 1, 2.

nähme, wollen Ernst Nordhoff aus Schneeberg und Berckau die Leitung übernehmen und jährlich 2—3000 Centner Farbglas verfertigen. Diesem Vorschlag sind zur Begründung 2 Berechnungen beigefügt, wie viel in Sachsen und wie viel in Seeland, Holland und Hamburg die gemeine blaue Wasserfarbe bis ins Glas zu machen ungefähr koste. Die erste Berechnung führt folgendes aus:[27])

100 Centner ungepochter Kobalt kosten	300	fl.
12 Lachter Holz zum Calcinieren ,	9	„
2 Arbeiter auf 14 Tage „	9	„
Abgang 3 Centner „	9	„
Also kosten die 100 Centner, wie sie sonst von hier weggeführt werden	327	„
Dazu: 50 Centner Fluss =	400	„
60 Lachter Holz à 14 gl. =	42	„
4 Arbeiter zum Schmelzen auf 4 Wochen, pro Mann die Woche 2 fl. 6 gl. =	36	„ 12 gl.
Sonstige Ausgaben =	25	„
Also kosten 100 Centner in Deutschland	805	fl.
Dazu Fuhrlohn bis Hamburg pro Centner 1½ fl., also pro 100 Centner	150	„
Es belaufen sich also die Kosten in Summa rund auf	1000	„
Also pro Centner auf	10	„

Da nun in Hamburg der Centner für 20 fl. verkauft werden könne, so könne man mit 1000 fl. wieder 1000 fl. gewinnen. Der Kurfürst solle ihnen nun für das Werk 5000 fl. Verlag geben, dann wollten sie dasselbe übernehmen, vorher müssten sie aber nach Holland, Seeland und England reisen, um mit den dortigen Kaufleuten auf grosse Summen abschliessen zu können. Als Lohn fordern sie, wenn immer 5000 fl. wieder 5000 fl. Gewinn getragen haben, 1000 fl. Nach der zweiten Berechnung[28]) kostet derselbe Herstellungsprocess in Holland, Seeland und Hamburg, wenn der Safflor dazu aus Schneeberg geholt wird, wegen der teureren Preise für Arbeitslohn, Holz und Pottasche oder Fluss für 100 Centner 2091 fl. 4 gl., also pro Centner fast 21 fl.

Der Kurfürst ist zwar auf diese Vorschläge Berckaus und Nordhoffs nicht eingegangen, hielt sie aber doch weiterer Beach-

---

[27]) Rep. IX Loc. 36197 No. 3153 fol. 7, 17.
[28]) Rep. IX Loc. 36197 No. 3153 fol. 3.

tung für wert. Wir haben einen wohl für den Kurfürsten verfassten Anschlag eines Safflorfarbschmelzers Christoph Schürer aus Platten: „was der Centner blaue Glas zur Wasserfarb zu schmelzen in Schneeberg kosten soll."[29]) Nach diesem werden aus 100 Centnern Safflor durch Zusatz von weissem Quarz 200 Centner blaues Glas gewonnen, die Herstellungskosten berechnet dieser Anschlag auf 624 fl. 3 gl., demnach koste also der Centner blaues Glas in Schneeberg herzustellen $3^1/_4$ fl.

Der Zehnter Daniel Zobel riet dem Kurfürsten, Berckaus Vorschlag in der Glashütte auf Jugel probieren zu lassen, in Schneeberg könne der Centner Farbe für 12 fl. abgegeben werden.[30])

Das Ergebnis aller dieser Vorschläge und Erwägungen war die kurfürstliche Verordnung vom 18. December 1609[31]), in der bekannt gemacht wurde, dass fortan der Kurfürst allen in Schneeberg erbauten Kobalt, der bisher durch fremde Handelsleute ausser Landes geführt worden sei, von nun an selbst durch den kurfürstlichen Zehnter einkaufen und bezahlen lassen würde. Es solle den bauenden Gewerken befohlen werden, ihren Kobalt bei 500 fl. Strafe an niemand anders, als an den kurfürtlichen Zehnter zu verkaufen, ebenso solle den oben genannten Handelsleuten bei gleicher Strafe verboten sein, ferner Kobalt ohne kurfürstliches Vorwissen und Erlaubnis zu kaufen, und ihren schon aufgekauften Vorrat in- oder ausserhalb des Landes an irgend jemand zu verkaufen. Dieser Befehl wurde am 30. December 1609 in Schneeberg von dem Bergmeister Tobias Lorenz publiciert. Damit war der Schneeberger Kobalthandel zu einer fiskalischen Unternehmung geworden.

---

[29]) Rep. IX Loc. 36197 No. 3153 fol. 6.
[30]) Rep. IX Loc. 36197 No. 3153 fol. 4—5.
[31]) Rep. IXb Abt. C. No. 12 Fasc. I fol. 13.

Kapitel II.

Der Schneeberger Kobalt- und Safflorhandel als fiskalische Unternehmung. — Krisis und Verfall des Schneeberger Kobaltbergbaus in den zwanziger und dreissiger Jahren des 17. Jahrhunderts. Die Zeit von 1610—1639.

Die ersten Folgen der Umwandelung des Schneeberger Kobalt- und Safflorhandels in eine rein fiskalische Unternehmung sind entschieden günstig zu nennen. Die straffere Organisation und die grösseren Geldmittel, mit denen die neue Verwaltung einsetzen konnte, führten zuerst eine Steigerung des Preises und des Absatzes herbei, der auch den Kobaltgewerken zu Gute kommen musste, wenn auch, was fest gehalten werden muss, vor allem der Säckel des Landesherrn bei dieser Änderung gewann und gewinnen sollte. So hören wir vom Jahre 1611[1]), dass in den Jahren 1601—1609 zwei Hamburger Kaufleute, Abraham Bahr und Joachim Moller, den Schneeberger Kobaltgewerken für den Centner Safflor 27, 30, 36 und 42 Groschen gezahlt haben, während nach einem Befehl des Kurfürsten vom 5. August 1610[2]) der kurfürstliche Zehnter den Kübel rohen Kobalt mit 2, $2^{1}/_{2}$ und 3 fl., den Centner Safflor aber mit 3, $3^{1}/_{2}$ und 4 fl. je nach der Güte an die Gewerken bezahlen musste. Im Laufe der Zeit übten aber auch hier die finanziellen Schwierigkeiten, in denen sich die Landesfürsten jener Tage fast immer befanden, ihren verderblichen Einfluss aus, das finanzielle Interesse des Fürsten wurde immer mehr ungebührlich in den Vordergrund

---

[1]) Rep. IX Loc. 36197 No. 3153 fol. 100, 101.
[2]) Rep. IX Loc. 36197 No. 3153 fol. 56.

geschoben, und die Gewerken in die Hände grösserer Kapitalisten ausgeliefert, denen z. B. gegen ein einmaliges grösseres Darlehn an den Kurfürsten die ganze fiskalische Unternehmung auf Jahre überlassen wurde; freilich muss dabei anerkannt werden, dass stets schliesslich das Oberbergamt für die bedrängten Gewerken eintrat und der Kurfürst sich den Vorstellungen dieser Behörde schliesslich meist fügte und Remedur der schreiendsten Missstände eintreten liess. Weiter machten sich auch hier naturgemäss die furchtbaren allgemeinen wirtschaftlichen Krisen unheilvoll bemerkbar, die durch die sogenannte Kipper- und Wipperzeit und den dreissigjährigen Krieg herbeigeführt wurden; alle diese Umstände zusammen führten zu einem vollständigen Verfall des Schneeberger Kobaltbergbaus und Safflorhandels in den zwanziger und dreissiger Jahren des 17. Jahrhunderts.

Auf diese Vorgänge wird im Folgenden noch des Näheren eingegangen werden; zunächst aber müssen wir uns der Betrachtung der Organisation des Kobalt- und Safflorhandels zuwenden, wie sie nach der Verwandlung in einen rein fiskalischen Betrieb geschaffen wurde. Nach der kurfürstlichen Verordnung vom 18. December 1609[3]) sollte der Zehnter in Schneeberg den gesammten Ein- und Verkauf des Kobalts und Safflors übernehmen. Die erste Aufgabe musste nun die sein, für den den Gewerken abgekauften Kobalt einen Abnehmer zu finden. Zu einem festen Kontrakt mit dem Kurfürsten meldete sich 1610 ein Kaufmann Heinrich Kreifinger aus Kulenborg in Geldern[4]). Mit diesem kam es am 29. März 1610 zum Abschluss folgenden Kontraktes[5]). Der Kontrakt ist auf die Dauer von 6 Jahren geschlossen, sein Mitverwandter bei dem Kontrakt ist der Kaufmann Winandt Woldring aus Harlem. Alle Safflorfarbe, die während dieser 6 Jahre in Schneeberg gewonnen wird und tüchtiges Kaufmannsgut ist, wird an Kreifinger überlassen. Dieser kann seine Safflore verhandeln, wohin er will, jedoch soll er zuerst die Handelsstädte des Kurfürstentums mit dieser Waare versorgen. Ausserdem stellt Kreifinger 2 Leipziger Kaufleute, Daniel Leicher und Heinrich von Rüsseln, als Bürgen, an die der Kurfürst sich halten kann, wenn Kreifinger den Kontrakt nicht einhält. Am Oster-

---

[3]) Siehe Kapitel I Anm. 31.
[4]) Rep. IX Loc. 36197 No. 3153 fol. 23—24, fol. 25, 30.
[5]) Rep. IX Loc. 36197 No. 3153 fol. 26—28, fol. 103—107.

markt 1610 beginnt die Lieferung, als Preis wird pro Centner 6 Gulden 10 Groschen an die Rentkammer gezahlt. Die Kündigung muss ein halbes Jahr vor Ablauf des Kontraktes erfolgen, im Voraus hat Kreifinger an den Kurfürsten 3000 fl. zu zahlen, wofür ihm immer jedes halbe Jahr für 500 fl. Kobalt und die Zinsen gezahlt werden. Am 11. Oktober 1610 wurde dieser Kontrakt in einigen Punkten abgeändert, jetzt sollte der Centner guter Safflor mit 6 fl. 10 gl. 6 ₰, der geringe mit 4 fl. 10 gl. 6 ₰ bezahlt werden. Im ganzen werden jetzt 21500 Centner Safflor abgenommen, und zwar sollen geliefert werden:

Michaelismarkt 1610: 3500 Centner.
Ostermarkt 1611: 1500 Centner guten und 500 Centner geringen Safflors.
Michaelismarkt 1611: 1500 Centner guten und 500 Centner geringen Safflors.
1612 ⎫
1613 ⎪
1614 ⎬ je 3500 Centner.
1615 ⎭

Diese Veränderungen waren erfolgt wegen Klagen der Kontrahenten, besonders war diesen die Bestimmung lästig, dass aller in Schneeberg gewonnene Safflor von ihnen angenommen werden sollte, deshalb wurden nunmehr für jedes Jahr feste Lieferungssummen festgesetzt. Die gesammte Verwaltung dieser ausgedehnten Geschäfte war, wie wir wissen, dem Zehnter übertragen worden, er hatte die gesammte Abnahme und Taxierung der von den Kobaltgewerken gelieferten Kobalte, sodann die Lieferung an die Kontrahenten und die ganze ziemlich schwierige Rechnungsführung. Wir geben hier die Einnahmen und Ausgaben aus dem Kobalt- und Safflorhandel von den Jahren 1610 und 1611, wie sie von dem Zehnter Daniel Zobel aufgestellt worden sind.[6])

Einnahme 1610:   Ausgabe 1610:
24550 fl. 7 gl. 10½ ₰   15956 fl. 13 gl. 10½ ₰
16120 „   — „   — „   9556 „ 11 „ 2 „
     bleibt 15157 fl. 3 gl. 10 ₰.

Einnahme 1611:   Ausgabe 1611:
19500 fl.   12615 fl. — gl. 5 ₰
     bleibt 6884 fl. 20 gl. 7 ₰.

---

[6]) Rep. IX Loc. 36197 No. 3153 fol. 148—149.

Summa Einnahme für 2 Jahr 60 170 fl. 7 gl. 10½ ₰
Summa Ausgabe für 2 Jahr 38 128 „ 4 „ 5½ „
Ueberschuss 22 042 fl. 3 gl. 5 ₰

Vielfach beklagten sich auch die Gewerken, dass der Zehnter ihren Kobalt zu niedrig taxiere und bezahle, der Kübel Kobalt wurde den Gewerken, wie wir oben gesehen, mit 2, 2½ bis 3 fl., der Centner Safflor mit 3, 3½ bis 4 fl. bezahlt, woraus schon zu ersehen, welchen Vorteil der kurfürstliche Fiskus hatte. Diese Aufgabe wurde sehr bald für den Zehnter allein zu gross, er bat deshalb unter dem 7. Oktober 1610[7]), ihm für die Abnahme der Kobalte und zur Beiwohnung beim Ausschlagen derselben den Bergmeister Tobias Lorenz, den Berggeschworenen Markus Holzschuch und die Stollensteiger Melchior Wappler und Valentin Gleser als Gehülfen zu geben. Diesem Wunsche entsprach der Kurfürst unter dem 14. Oktober 1610[8]). Die dem Zehnter beigegebenen Männer sollen im Beisein des Zehnters und der Faktore der Kontrahenten den Kobalt besichtigen und taxieren, die Sorten beim Rösten ordnen, die Pochwerke wöchentlich visitieren, weiter den Handelsleuten die Farbe zumessen und neben dem Zehnter und den Faktoren Verzeichnisse führen, wie viel Farbe jährlich hergestellt worden sei.

Von anderer Seite versuchte man in dieser Zeit den Kurfürsten zu bestimmen, den Kontrakt mit Kreifinger zu lösen, man beschuldigte Kreifinger und Woldring als Wiedertäufer und Betrüger, welche schon mit Gefängnis bestraft worden seien. Daneben tauchten wieder Vorschläge auf, in Sachsen selbst die blaue Farbe herzustellen[9]). Trotz dieser Machenschaften blieb aber der Kurfürst bei dem geschlossenen Kontrakt. Ja er erneuerte ihn, da er 1616 ablaufen sollte, am 20. Oktober 1615 auf weitere 6 Jahre[10]). Der Kurfürst soll nach ihm jährlich 3500 Centner zu Gut gemachte Safflorfarbe an Kreifinger liefern, und zwar 3000 Centner zu 8 fl. und 500 Centner Mittelgut zu 6 fl. — Meissnische Währung, der fl. zu 21 gl. — Dieser Kontrakt erlitt wieder am 4. Mai 1616 eine Umänderung, die Zeit-

---

[7]) Rep. IX Loc. 36197 No. 3153 fol. 33, 38.
[8]) Rep. IXb Kap. IX Ab No. 4 Loc. 41814 fol. 23—24.
[9]) Rep. IX Loc. 36197 No. 3153 fol. 109—113 und Rep. IX Loc. 36322 No. 4338a.
[10]) Rep. IX Loc. 36197 No. 3154 fol. 21—23,
[11]) Siehe hierzu Ehrenberg a. a. O. Bd. I pag. 374 f.

dauer wurde jetzt auf 4 Jahre beschränkt von Ostern 1616 an, der Kontrahent sollte gezwungen sein, die ausgemachte Summe auf jeden Fall anzunehmen, auch wenn ein Krieg ausbräche. Von geringem Gut soll er ausser der schon festgesetzten Summe noch 250 Centner zu 2$^{1}/_{2}$ fl. annehmen. Ausserdem verpflichtet sich Kreifinger, an den Kurfürsten Michaelis 1616 4000 fl. zu zahlen, die ihm nicht vor Michaelis 1620 zurückgezahlt werden brauchen, bis dahin aber mit 5% verzinst werden. Diese jedesmal bei Abschluss eines Kontraktes dem Landesherrn von den Kontrahenten gewährten Vorschüsse sind ausserordentlich charakteristisch für diese Art von fiskalischen Unternehmungen. Durch die wachsende Finanznot des Fürsten werden beim Abschluss solcher Kontrakte diese Vorschüsse immer mehr die Hauptsache. Der Kontrakt, welcher dem Darleiher für die Dauer des Darlehns die Ausnutzung dieses Handelszweiges allein garantierte, nahm immer mehr die Gestalt einer blossen Sicherstellung des geliehenen Kapitals an, das sonst oft gerade bei fürstlichen Schuldnern recht unsicher stand, da ein Nachfolger keineswegs unbedingt die Schulden seines Vorgängers übernahm [12]). Dass bei dieser immer mehr nur auf eigenen augenblicklichen pekuniären Vorteil gerichteten landesherrlichen Wirtschaftspolitik das Interesse der beteiligten Gewerke Schaden leiden musste, liegt auf der Hand. Schon 1616 bitten die Gewerken um Erlass des Kobaltzwanzigsten und um eine höhere Kobaltbezahlung [12]), da der Bergbau immer kostspieliger, der Kobalt aber seltener werde, und die Preise für Lebensmittel etc. immer mehr stiegen. Der Zehnter Ulrich Röhling und der Bergmeister Tobias Lorenz schlagen eine Zulage von $^{1}/_{2}$ fl. auf den Kübel Kobalt bei der Bezahlung vor. Dennoch beliess es der Kurfürst bei der bisherigen Kobalttaxe, wie es ausdrücklich in einer 1617 [13]) erlassenen ausführlichen Ordnung in Betreff des Safflorhandels ausgesprochen wurde. Die wichtigeren Bestimmungen dieses Befehls vom 22. Juli 1617 sind folgende:

1) Aller Kobalt muss, ehe er taxiert und vom Kobaltmesser in das Kobalthaus genommen wird, von den Bergbeamten besichtigt werden, um festzustellen, von welcher Zeche er stamme, und ob nicht guter und geringer Kobalt unter einander gemischt sei; für diese Besichtigung haben die Gewerken jedesmal 2 Groschen zu entrichten. Die bisherige Taxe wird beibehalten.

---

[12]) Rep. IX Loc. 36197 No. 3154 fol. 47.
[13]) Rep. IX Loc. 36149 No. 2524 fol. 15—20.

2) Sollen die Berggeschworenen darauf achten, dass kein Raubbau getrieben wird.

3) Darf kein Kobalthauer des Tages in mehr als 2 Schichten anfahren.

4) Der von den Gewerken gekaufte Kobalt soll von jeder Zeche allein beigestürzt und geröstet werden, damit der Zehnter und Kobaltverwalter mit den einzelnen Gewerken richtig abrechnen könne, und damit die Ausschläge von den Gewerken wieder richtig ersetzt werden könnten.

5) Von jedem Fass Safflor hat der Probierer beim Einpochen eine Probe zu nehmen, die im Zehntamte aufzubewahren und bei der Taxation zu benutzen ist.

6) Es darf weder bei Nacht noch an Feiertagen Kobalt gepocht werden.

7) Für das kurfürstliche Kobalthaus und Pochwerk sind 2 Schlüssel anzuschaffen, deren einen der Zehnter und Kobaltverwalter, den zweiten das Bergamt erhält.

8) Der Bergmeister und die Berggeschworenen sollen wöchentlich fleissig das Farbpochen und die Wascharbeiten kontrollieren. Unbefugten ist das Betreten des Pochwerkes überhaupt untersagt.

9) Nachdem der Zehnter, Kobaltverwalter und der Bergmeister die Safflorfarbe abgewogen, soll der Pochsteiger auf jedes Fass Farbe das kurfürstliche Zeichen brennen. Darauf wird die Farbe nach Centnern an den Faktor der holländischen Kaufleute übergeben. Bergmeister und Kobaltverwalter führen darüber ein Verzeichnis, damit man wisse, wieviel Farbe jährlich gemacht und geliefert werde.

Leider war man aber in der Praxis weit davon entfernt, die hier gegebenen Bestimmungen einzuhalten. So beschweren sich 1619[14]) die Gewerke über die Ausschlagpraxis des Zehnters Ulrich Röhling. Der von den Gewerken gelieferte Kobalt wird nicht zechenweise einzeln, sondern zusammen gestürzt, und dann sollen die Gewerken oft mehr Ausschläge ersetzen, als sie überhaupt Kobalt geliefert haben; so wären z. B. 1618 einer Zeche, die 53 Kübel Kobalt geliefert habe, 64 Kübel an Ausschlag zu ersetzen auferlegt worden. Dieser angebliche Ausschlag, der oft besser sei als der unausgeschlagene Kobalt, werde ihnen aber nicht zurückgeliefert, sondern sei oft 60 und mehr Meilen fortgeführt worden. — Zum Verkauf? — Dabei bleibe der Zehnter den

---

[14]) Rep. IX Loc. 36322 No. 4338a.

Gewerken gegenüber mit der Bezahlung fortwährend in Rückstand, so dass sie gezwungen seien zur Fortführung ihrer Zechen Kapital gegen hohe Interessen zu entleihen. Deshalb bitten die Gewerken, dem Röhling zu befehlen, den Kobalt jedes Gewerken allein auszuschlagen und den Ausschlag zurückzugeben, damit sie mit ihren Arbeitern abrechnen können. Ausserdem solle der Zehnter sie jedes halbe Jahr voll auszahlen, oder aber es möge der Kurfürst den Gewerken verstatten, nach Ablauf des Kontraktes ihren Kobalt selbst zu Safflor verarbeiten und frei verhandeln zu dürfen. Dafür wollen sie dem Kurfürsten nach Wegfall des Zwanzigsten von jedem Centner gefertigten Safflors 1 fl. geben, dies würde mehr betragen, als jetzt beim Kontrakte einkäme. Der Kurfürst versprach darauf Untersuchung wegen der übermässigen Ausschläge des Zehnters, in Betreff der freien Verhandelung würden sie nach Ablauf des jetzigen Kontraktes Michaelis 1620 Bescheid erhalten.[15]) Noch in demselben Jahre am 17. Juli[16]) erneuern die Gewerken ihre Klagen in Betreff der Rückstände bei der Kobaltbezahlung. Sie seien nicht mehr im Stande ihre Arbeiter zu bezahlen, und müssten immer mehr Kapitalien gegen hohe Zinsen aufnehmen.

Wir sind inzwischen in die Zeit des dreissigjährigen Krieges und die Zeit jener allgemeinen Geldkrisis in Deutschland eingetreten, die man gewöhnlich als die Zeit der Kipper und Wipper bezeichnet. Die Folgen des Krieges machten sich für Schneeberg speciell erst in späteren Jahren unangenehm bemerkbar, aber die Folgen der gewaltigen deutschen Geldkrisis müssen wir schon jetzt etwas näher ins Auge fassen, weil sie unsere Verhältnisse sehr stark beeinflussten.[17]) In Deutschland hatte sich seit langem eine, immer grössere Dimensionen annehmende Entwertung des Geldes angebahnt. Die Folge war ein immer stärkeres Verschwinden des alten vollwertigen Geldes und die Überschwemmung mit minderwertigem Kleingelde, und dadurch hervorgerufen ein ungeheures Steigen aller Preise. Diese Geldkrisis wurde noch unheilvoller durch ihr zeitliches Zusammenfallen mit dem dreissig-

---

[15]) Rep. IX Loc. 36322 No. 4338 a.
[16]) Rep. IX Loc. 36197 No. 3154 fol. 72.
[17]) Vergleiche für das Folgende Dr. Robert Wuttke: Zur Kipper- und Wipperzeit in Kursachsen. Neues Archiv f. sächs. Gesch. u. Altertumskunde Bd. XV 1894 pag. 119—156. Und Lamprecht: Dt. Geschichte Bd. V,2 pag. 491 ff.

jährigen Kriege, durch den der Handel und Wandel fast überall lahm gelegt wurde. In Sachsen beteiligte sich besonders der Kammerherr Christoph Karl von Brandenstein an der Münzverschlechterung, den wir später auch noch näher in seinen Beziehungen zum Schneeberger Kobaltbergbau kennen lernen werden. In Sachsen wurde seit 1620 eine leichte Usualmünze als Landesmünze ausgeprägt, mit der das Land förmlich überschwemmt wurde, und die Preise nach einem kurzen Aufschwung des Handels, geradezu ins Unerschwingliche gesteigert wurden. Eine Reduktion dieses Geldes trat erst 1624 ein. Wuttke giebt uns in seiner oben genannten Arbeit eine kleine Tabelle über Weitzen- und Roggenpreise in Zwickau aus diesen Jahren, die zur Illustration hier Platz finden möge, danach galt in Zwickau:

	Weitzen	Roggen
1610—1620	4 Rthl.	3 Rthl. 3 gl.
1621	11—17 fl.	9—16 fl.
1622	48 fl.	18—40 fl.
1623	58 fl.	48 fl.

Nach der Reduktion des Geldes

1624	7½ Rthl.	5 Rthl.

Durch diese ungeheuren Preissteigerungen wurden natürlich die Schneeberger Kobaltgewerken aufs schwerste betroffen. Während sie ihren Kobalt nach der alten Taxe und noch dazu in schlechtem Gelde bezahlt erhielten, mussten sie für alle Waaren dreifach höhere Preise bezahlen und konnten immer weniger Kredit erlangen, dessen sie zur Fortführung ihrer Grubengebäude bedurften, da die Kapitalisten sich immer schwieriger zeigten, Geld herzuleihen, das sie dann eventl. in viel minderwertigerer Münze später zurück erhielten. Weiter macht sich auch sehr bald, wohl hervorgerufen durch den aus Mangel an Mitteln weniger sorgfältig betriebenen Abbau ein Zurückgehen der Kobalterträgnisse geltend, über den oft geklagt wird. Wir besitzen Fördertabellen seit 1620, von den Jahren 1625—1629 sind freilich keine vorhanden, wie Melzer [18]) angiebt, weil in

---

[18]) Melzer a. a. O. giebt auf pag. 435—446 diese Uebersicht über die jährlichen Kobaltförderungserträge zusammengestellt, die sehr genau mit den noch erhaltenen Fördertabellen des Bergamtreviers Schneeberg übereinstimmen, nur dass Melzer noch die Anzahl der Zechen angiebt, von denen der Kobalt gefördert worden ist. Die Fördertabellen für die Jahre 1620—1624 siehe Rep. IX Loc. 36301 No. 40, 21a. Diese sind von dem damaligen Zehnter Ulrich Röhling aufgestellt.

diesen Jahren wegen der Kriegsunruhen überhaupt keine geführt worden sind. Leider können wir aus den Akten nicht feststellen, wie hoch die Förderniss in den Jahren vor 1620 gewesen ist, sie erscheint in den Jahren von 1620—1624 noch um das 3—4 fache höher als in den dreissiger Jahren. Ich gebe der Übersicht halber hier gleich die Fördertabellen bis zum Jahre 1639:

Es wurden gefördert 1620—1624 von 20—40 Zechen

1620	8462	Kübel Kobalt	bezahlt mit	33189	fl.	18	gl.	—	d.
1621	9016	„	„ „ „	36809	„	5	„	3	„
1622	9582	„	„ „ „	39414	„	20	„	—	„
1623	6455	„	„ „ „	31421	„	—	„	—	„
1624	7053	„	„ „ „	32048	„	10	„	6	„

1625—1629 fehlt.

1630	von	20	Zechen	2731	Kübel Kobalt	
1631	„	18	„	2006	„	„
1632	„	12	„	1897	„	„
1633	„	12	„	1341	„	„
1634	„	6	„	1577	„	„
1635	„	9	„	1943	„	„
1636	„	12	„	2230	„	„
1637	„	17	„	2638	„	„
1638	„	28	„	4033	„	„
1639	„	15	„	2122	„	„

Als die alleinige Ursache ihrer Notlage sahen die Kobaltgewerke, die noch weniger als ihre übrigen Zeitgenossen im Stande waren, die eigentlichen Ursachen der wirtschaftlichen allgemeinen Krisis zu erkennen, den ihnen vom Kurfürsten aufgedrängten Kobaltkontrakt an, ihr Ziel war daher Beseitigung dieses Kontrakts und Erlangung freier Verhandelung ihrer Kobalte und selbsthergestellten Safflorfarben ohne Vermittelung des kurfürstlichen Zehntamtes und fremder privilegierter Händler. So hatten sie, wie wir oben gesehen haben, schon 1619 um Gestattung der freien Kobaltverhandelung bei dem Kurfürsten angehalten, und dieser hatte ihnen geantwortet, dass sie Michaelis 1620 nach Ablauf des bestehenden Kontraktes Bescheid erhalten würden. Der Kurfürst war aber seinerseits viel zu sehr finanziell auf die Unterstützung auswärtiger grösserer Kaufleute angewiesen, da nur von diesen die für jede grössere Unternehmung nötigen Geldmittel flüssig gemacht werden konnten, und diese wiederum sich am liebsten durch Überlassung fiskalischer Betriebe zur

Ausnutzung auf längere Zeit, sicher stellen liessen, als dass er dem Wunsche der Gewerken hätte Raum geben können. Deshalb hatte auch der Kurfürst sofort am Michaelismarkt 1620 [19]) den Kontrakt mit den Holländern auf 6 Jahre erneuert, jedoch zerschlug sich schliesslich dieser Kontrakt, da die Kontrahenten nur wie bisher jährlich 3500 Centner annehmen wollten, während der Kurfürst die Abnahme eines höheren Quantums verlangte. Trotzdem liess der Kurfürst nun nicht freie Verhandelung eintreten, sondern schloss am Leipziger Ostermarkt 1621 [20]) mit 2 Erfurter Kaufleuten Joh. Jordan und Nikolaus Panzer einen neuen Kobaltkontrakt ab, zu dem am 25. Mai 1621 mit einem Sechstel Anteil die Erfurter den Hamburger Kaufmann Hans Friese zuliessen. Der Kontrakt lief von Ostern 1621 12 Jahre lang, und der Kurfürst verpflichtete sich durch ihn, den Kontrahenten jährlich 6000 Centner gute Safflorfarbe zu liefern, diese können die Kontrahenten in- und ausserhalb des Landes verhandeln, doch sollen sie zuerst die sächsischen Handelsstädte damit versorgen. Können die Erfurter die gelieferte Safflorfarbe nicht jedesmal wegführen, so soll sie ihnen in Schneeberg durch die kurfürstlichen Beamten verwahrt werden. Keinem anderen soll inzwischen erlaubt werden mit Safflorfarbe zu handeln, deshalb will der Kurfürst ein Patent gegen die Kobaltpartirerei erlassen. Die Kontrahenten dagegen müssen, auch wenn durch den Krieg der Handel ins Stocken geraten sollte, die 6000 Centner jährlich annehmen und baar bezahlen, und zwar 5000 Centner à 8 fl. und 1000 Centner Mittelgut à 6 fl. in gutem ganghaften Geld fränkischer Währung, den fl. zu 60 Kreuzern gerechnet. Ausserdem sollen sie noch jährlich 250 Centner geringes Gut à 2½ fl. annehmen. Bürge der Erfurter Kaufleute für die Innehaltung dieses Kontraktes ist der Leipziger Bürger Hans Welscher. Die Kontrahenten schiessen endlich 6000 fl. in die Rentkammer vor, die ihnen mit jährlich 5% verzinst werden.

Noch im Herbst desselben Jahres trat der Kurfürst mit einer grossen Anleihe an seine neuen Kontrahenten heran. Er liess ihnen am 30. September [21]) eröffnen, dass er zu einer wichtigen Ausgabe 50 000 fl. brauche, und sie bitten, ihm diese

---

[19]) Rep. IX Loc. 36197 No. 3154 fol. 137.
[20]) Rep. IX Loc. 36197 No. 3154 fol. 113—118.
[21]) Rep. IX Loc. 36197 No. 3154 fol. 152, fol. 170, fol. 172—174.

Summe vorzuschiessen. Darauf erklären diese am 14. Oktober, dass ihnen dies augenblicklich unmöglich sei, doch wollen sie gegen 7% die Anleihe in 6 Wochen zu Stande bringen. Am 28. December erklären sie sich dann bereit, die 50000 fl. vorzuschiessen, wenn ihnen dafür der Safflorhandel und der vollständige Kobaltkauf erblich und unwiderruflich zugeeignet würde und zwar so, dass sie fortan den Kobalt durch ihre Diener einkaufen und selbst zu Safflor verarbeiten lassen dürfen, ohne dass der kurfürstliche Zehnter damit noch irgend etwas zu thun habe. Dafür wollen sie jährlich an den Kurfürsten 4000 Gulden zahlen. Auch in diese unerhörte Forderung willigte der Kurfürst ohne Bedenken. Die Kontrahenten sollten bezahlen und der Zehnter davon benachrichtigt werden. Trotzdem ist aber dieser verhängnisvolle Schritt nicht ausgeführt worden, denn das Oberbergamt legte sich in das Mittel. Es erklärte dem Kurfürsten, dass dieses Vorgehen dem ganzen Bergrecht zuwiderliefe, die Bergleute würden wegziehen und dann auch die 4000 fl. von den Erfurtern wegfallen, während bisher der Kobaltbergbau dem Kurfürsten jährlich 6000 fl. eingetragen. Eine direkte Zurücknahme der kurfürstlichen Einwilligung ist zwar nirgends erwähnt, doch blieben die Verhältnisse ruhig bestehen, und liehen die Kontrahenten am Neujahrsmarkt 1622 dem Kurfürsten nur 17000 fl., welche der Kurfürst den Gewerken schuldete.[22]) Am 10. November 1621 richteten nämlich die Gewerke wieder eine dringende Bittschrift an den Kurfürsten[23]), ihnen ihre gelieferten Kobalte zu bezahlen, sie hätten noch 17000 fl. rückständige Forderungen dafür an den Zehnter, und zwar bitten sie um Bezahlung in guter Landesmünze und nicht in Braunschweigischer Kupfermünze, die sie nicht wieder los werden könnten. Alle Lebensmittel und Geräte seien ungeheuer — oft um das dreifache — im Preise gestiegen, sodass viele wegen der Teuerung fortziehen müssten, schliesslich sprechen sie ihren alten Wunsch nach freier Verhandelung wieder aus und bitten um eine Zulage zur Bezahlung auf den Kübel Kobalt. Zu diesem Gesuch erklären am 21. December 1621 der Bergmeister und die Berggeschworenen, dass, wenn zu Neujahr 1622 die Gewerken nicht die 17000 fl. erhielten, die meisten von ihnen den Bergbau gänzlich einstellen müssten, ebenso sei eine Zulage von $1/2$ fl. zur Bezahlung auf

---

[22]) Rep. IX Loc. 36197 No. 3154 fol. 228.
[23]) Rep. IX Loc. 36197 No. 3154 fol. 158—159.

den Kübel Kobalt durchaus nötig. Dass die Gewerken die 17 000 fl. erhalten, haben wir schon eben gesehen, ebenso legte ihnen der Kurfürst von Michaelis 1622 an $^1/_2$ fl. auf den Kübel Kobalt zu nach einem Befehl vom 23. Mai 1622 [24]). Aber auch die Kontrahenten waren ihrerseits keineswegs immer zufrieden, sie hatten jedenfalls grösseren Gewinn von ihrer Unternehmung erhofft, als diese nun thatsächlich abwarf. Fortwährend klagen sie über Kobaltpartirerei. Weiter beklagen sie sich über den Zehnter zu Schneeberg, dass dieser ihnen untüchtigen Safflor liefere [25]). Der Kurfürst ordnet darüber 1622 eine strenge Untersuchung durch das Oberbergamt an, da solche Klagen schon des öfteren gegen den Zehnter vorgebracht seien und untüchtiges Kaufmannsgut zu liefern wider den Kontrakt laufe. Diese Klagen wiederholten sich aber noch weiter, bis endlich der Kurfürst den Kammer- und Bergrat Christoph Karl von Brandenstein mit der Untersuchung beauftragte, da ihm daran liegen musste, die Erfurter, denen er stark verschuldet war, beim Kontrakt zu erhalten. — So hatte er ihnen 1622 erlaubt, in Sachsen für sich eine Farbmühle zu erbauen, um Fuhrkosten zu ersparen [26]), ein Plan, der aber nicht zur Ausführung gelangte. — In Folge dieser Untersuchung entzog dann der Kurfürst am 24. Februar 1624 dem Zehnter die Verwaltung des Safflorwerkes ganz und unterstellte diese Geschäfte einem eigenen Beamten, dem Konrad Todt [27]).

Aber auch dieses Nachgeben konnte die Erfurter nicht zufrieden stellen, diese hatten sich inzwischen, um von dem ihnen unangenehm gewordenen Kontrakt loszukommen, mit von Brandenstein in Unterhandlungen eingelassen, in Folge deren sie am 30. April 1624 erklärten [28]), sie hätten bei ihrem Kontrakt überall nur Hinderung gefunden und Schaden gehabt, und müssten, wenn nicht gänzlichen Verderb, so doch grossen Verlust davon fürchten, deshalb hätten sie ihren Kontrakt an den Kammer- und Bergrat Christoph Karl von Brandenstein käuflich übergeben und abgetreten.

Seinem Kammer- und Bergrat von Brandenstein, einem Geldmann der schlimmsten Sorte, war der Kurfürst vielfach ver-

---

[24]) Rep. IX Loc. 36197 No. 3154 fol. 196.
[25]) Rep. IX Loc. 36322 No. 4338a.
[26]) Rep. IX Loc. 36197 No. 3154 fol. 135, 142.
[27]) Rep. IX Loc. 36322 No. 4338a und Rep. IX Loc. 36197 No. 3154 fol. 294—296.
[28]) Rep. IX Loc. 36197 No. 3154 fol. 297.

pflichtet; so hatte dieser schon 1623 22000 fl. freilich geringer Währung — den Rthl. zu 5 fl. — für das kurfürstliche Zehntamt in Schneeberg hergeliehen. An dem Schneeberger Safflorhandel wollte er sich nun wahrscheinlich schadlos halten, freilich gelang ihm dieses nicht, denn sein rücksichtsloses Vorgehen gegen die Gewerken überspannte den Bogen, sodass er schon 1625 von diesem Unternehmen zurücktreten musste. Für den Anfang aber erlangte er vom Kurfürsten die weitgehendsten, fast unumschränkten Vollmachten in der Verwaltung durch einen auf 12 Jahre vom Leipziger Ostermarkt 1624 an am 30. Mai 1624 [29]) geschlossenen Kontrakt. Brandenstein übernimmt nach diesem den Einkauf der Kobalte und ihre Verarbeitung zu Safflor selbst, die Verwalter des Safflorwerkes und alle anderen hierbei angestellten kurfürstlichen Diener ausser den Bergbeamten und Taxatoren werden an von Brandenstein verwiesen, dieser darf sie entlassen und ihre Stellen neu besetzen, jedoch nur mit Vorwissen des Ober- und Berghauptmanns, die neuen Beamten werden zuerst für den Kurfürsten in Pflicht genommen und dann an von Brandenstein überwiesen, ihre Besoldung bezahlt Brandenstein. Die Kobalte sollen von nun an in alter schwerer Reichsmünze bezahlt werden, deshalb sollen die Gewerken nur gute und reine Sorten liefern. Geringere, die unter 3 fl. wert sind, braucht Brandenstein nicht anzunehmen. Was nicht tüchtiges Kaufmannsgut ist, wird verwahrt und darf nicht verkauft werden. Gute Kobalte muss von Brandenstein annehmen, doch braucht er sie nicht höher als mit 5 fl. fränkischer Währung in im Kurfürstentum üblicher und gangbarer Münze bezahlen. Farb- und Kobalthaus sowie Pochwerk, die sehr baufällig sind, übernimmt von Brandenstein, Reparaturen werden ihm nach Ablauf des Kontraktes zurückerstattet. Bau- und sonstiges Holz werden dem Kontrahenten für den üblichen Preis aus den kurfürstlichen Forsten geliefert. Neben dem Pochwerk darf er noch ein neues Kobalthaus bauen, dessen Baukosten ihm ebenfalls später zurückerstattet werden sollen, das Pochwerk des Zehnters steht, so lange er es benutzen will, gegen 1 Gulden wöchentlichen Zinses ihm zur Benutzung frei. Für seine bisherigen Vorschüsse wird ihm der gesammte Vorrat an Safflor, Glas etc. und 16900 Kübel Kobalt überlassen, die er zu Safflor verarbeiten und in- und ausserhalb

---

[29]) Rep. IXb Kap. IX Ab. No. 4 Loc. 41814 fol. 8—18.

des Landes verhandeln darf. Dafür soll er jedoch die rückständigen Forderungen der Gewerke bis zum Leipziger Michaelismarkt 1624 bezahlen, doch müssen zuvor die Gewerken die gemachten Ausschläge durch guten Kobalt ersetzen. Nach Ablauf des Kontraktes hat von Brandenstein oder seine Erben ein Vorrecht zur Wiederannahme; hören die Kobaltanbrüche auf, so wird der Kontrakt von selbst hinfällig. Den Zwanzigsten und Stollenneunten hat von Brandenstein zu entrichten.

Damit hatte der Kurfürst den für den Fiskus bis dahin immer noch recht ertragreichen Safflorhandel ohne eine weitere Vergütung an von Brandenstein für 12 Jahre überlassen, als dass dadurch der Kurfürst der Sorge wegen der Bezahlung seiner Schulden an Brandenstein und die Gewerke enthoben war. Sofort nach Schliessung dieses Kontraktes begann nun ein heftiger Streit zwischen Brandenstein und den Kobaltgewerken, diese hatten seit der Bezahlung der 17000 fl. Neujahr 1622 wieder Rückstände in der Höhe von über 30000 fl. für in den Jahren 1622 bis 1624 gelieferten Kobalt zu fordern, die ihnen nach dem Kontrakt nun Brandenstein bezahlen sollte[30]). Dieser aber machte die grössten Schwierigkeiten, er forderte erst Ersatz der Ausschläge, und behauptete, dass der Vorrat viel kleiner sei, als er ihm bei Schliessung des Kontraktes angegeben worden sei. Die Gewerken wiederum beklagten sich über die zu starken Ausschläge, die sie nicht ersetzen könnten. Sie müssten ihre Berggebäude einstellen und ihre sämmtlichen Bergleute ablegen, die schon jetzt in der armseligsten Dürftigkeit lebten, ja von denen schon jetzt aus Hunger täglich 6—8 stürben, ihre Gläubiger drohten sie von ihren Gruben zu vertreiben und den Stollen drohe die Gefahr des Unterganges, da keine Mittel zu ihrer Instandhaltung vorhanden wären. Des weiteren beklagten sich die Gewerken besonders über eine willkürliche und zu niedrige Taxation ihrer Kobalte sowie über den zu niedrigen Preis derselben[31]). Trotz der Bemühungen der oberen Bergbehörden, Brandenstein zur Annahme auch geringeren Kobalts zu bewegen und die ausstehenden Forderungen der Gewerke zu bezahlen, weigerte sich dieser beharrlich, diese Wünsche zu erfüllen, indem er sich immer auf den Buchstaben seines Kontraktes zu stützen

---

[30]) Rep. IX Loc. 36088 No. 1006 fol. 30—34.
[31]) Rep. IX Loc. 36322 No. 4338a.

wusste, ja er beklagte sich bitter, dass er durch den Kontrakt nur Schaden erleide. Aber auch die Gewerken ruhten nicht, trotz scharfer Verweise von seiten des Kurfürsten wegen ihres unbotmässigen Querulierens sandten sie Beschwerde auf Beschwerde immer mit den gleichen Klagepunkten und dem gleichen Schluss, der Bitte um Gestattung der freien Verhandelung ihrer erbauten Kobalte. Diesem immer erneuten Ansturm der Gewerken, denen auch in den wesentlichsten Punkten die Oberbergbehörden Recht gaben, wich endlich von Brandenstein, wohl auch mit aus der gleichen Erkenntnis wie die Erfurter Kaufleute, dass bei dem Safflorhandel unter den gegebenen Umständen nicht allzu viel Gewinn zu ziehen sei. Er lieferte freiwillig seinen Kontrakt dem Kurfürsten wieder ein. Und dieser gestattete nun am 2. Juni 1625[82]), da ein neuer Kontrahent nicht zu erlangen, den Gewerken bis auf Weiteres, ihren Kobalt selbst zu Safflor zu verarbeiten und frei zu verhandeln. Doch sollten sie ausser dem Zwanzigsten sowie dem Stollenneunten von jedem zu Safflor verarbeiteten Kübel Kobalt 1 fl. an den Kurfürsten entrichten. Partirerei wird mit einer Geldstrafe von 500 Rheinischen Goldgulden bedroht.

Damit hatten die Kobaltgewerken das ersehnte Ziel erreicht. Sie hofften, dass damit alle ihre Schwierigkeiten ein Ende haben würden; sehr bald stellte sich aber das Gegenteil heraus. Mochte auch die fiskalische Verwaltung schwere Mängel an sich tragen und diese gerade in den letzten Jahren besonders herausgekehrt haben, Schuld an dem Niedergang des Schneeberger Kobaltbergbaus trug sie allein nicht, diesen veranlassten vielmehr die schweren allgemeinen wirtschaftlichen und politischen Krisen der Zeit, durch die Handel und Gewerbe ins Stocken gerieten, und die allgemeine Kaufkraft und Kauflust des Publikums gewaltig zurückgingen, dies machte sich gerade bei einem nicht unbedingt zum Leben nötigen Artikel, wie es eine Farbe doch ist, besonders schwer bemerkbar. In einer Zeit, in der aller Handel stockte, war es vielmehr den bei weitem nicht so weitsichtigen und unternehmungslustigen Gewerken, denen ausserdem auch die nötigen Kapitalien zum Handel fast ganz fehlten, viel schwerer Absatz für ihre Waaren zu finden als geschulten und erfahrenen Kaufleuten, denen immerhin noch weitere Verbindungen und grössere Geld-

---

[82]) Rep. IX Loc. 36322 No. 4338a.

mittel zu Gebote standen. So hören wir schon wenige Wochen nach der Freierklärung des Safflorhandels heftige Klagen von Seiten der Gewerken laut werden. Am 30. Juni 1625[33]) erklären sie, dass sie neben dem Neunten und Zwanzigsten nicht noch 1 fl. vom Kübel Kobalt entrichten könnten. Brandenstein habe die ganze Handlung zu Grunde gerichtet, kein Mensch wolle ihnen einen Centner Farbe abkaufen. Die Gewinnungskosten für den Kübel Kobalt beliefen sich auf 2—3 fl., wenn die Abgaben deshalb so hohe blieben, so würden sie ihre Bergleute ablegen, die dann „Elend bauen" könnten. Der Kurfürst möge ihnen den 1 fl. vom Kübel Kobalt erlassen. Darauf bewilligte der Kurfürst am 6. August 1625[34]) unter Aufrechterhaltung der früheren Bestimmung vom 2. Juni 1625, dass vom Kübel geringen Kobalts nur $1/2$ fl. zu geben sei. Zugleich befahl er dem Zehnter, Vicebergmeister und den Berggeschworenen mindestens zweimal im Quartal die kurfürstlichen Stollen zu befahren und Reparaturen anzuordnen, wo Brüche und andere Schäden drohen, weiter sollten sie dafür sorgen, dass das taube Gestein in den Stollen nicht liegen bleibe, sondern zu Tage geschafft werde. Wegen Einziehung der Steuern sollten sie auf ergiebigen Zechen alle 4—2 Wochen eine Kobaltförderung in ihrem Beisein vornehmen lassen, den geförderten Kobalt richtig ausschlagen, messen und auf Kerbhölzer schneiden lassen, nach denen am Schluss jedes Quartals ein Register anzufertigen und nach ihm die Steuern zu erheben seien. Bei wenig ergiebigen Zechen habe die Förderung nur einmal im Quartal zu geschehen. Aber damit waren die Gewerken nicht zufriedengestellt. Der Kurfürst beklagt sich am 17. September 1625,[35]) dass Bergbeamte und Gewerke wegen zu hoher Steuern Vorstellungen erhoben hätten, früher hätten sich die Gewerken zu diesen Steuern bereit erklärt gegen Erlaubnis der freien Verhandelung, sie würden dann genug Kaufleute finden, die ihnen ihren Kobalt für 10 fl. abnehmen würden, den sie beim Kontrakt für 5 fl. hergeben müssten. Nun behaupteten sie das Gegenteil und müssten sich selbst die Schuld dafür zuschreiben. Trotzdem erklärt er aber am 28. Oktober

---

[33]) Rep. IX Loc. 30197 No. 3155 fol. 8—10.
[34]) Rep. IXb Kap. IX Ab No. 4 Loc. 41814 fol. 19—22 und Rep. IXb Abt. C No. 12 Fasc. I fol. 31—32.
[35]) Rep. IXb Abt. C No. 12 Fasc. I fol. 33, 34.

1625,[36]) dass er sich von nun an mit dem 1 resp. $1/_2$ fl. vom Kübel Kobalt als Abgabe begnügen wolle, der Zwanzigste und Neunte solle von nun an wegfallen. Und am 22. Mai 1626[37]) erklärt er, dass auf dringendes Bitten der Gewerken und Fürsprache des Bergamtes, weil jetzt der Kobalt „ganz unwert und nichts gültig" sei, diese Abgabe ganz wegfallen solle, dagegen solle nun wieder der Zwanzigste und Neunte als Abgabe erhoben werden.

Sobald sich aber die Gelegenheit bot, machte der Kurfürst noch einmal den Versuch, einen neuen Kobaltkontrakt zu schliessen. Am Leipziger Michaelismarkt 1626[38]) meldeten sich zwei neue Kontrahenten bei dem Oberberghauptmann, der eine war der uns schon bekannte Hamburger Kaufmann Hans Friese, der zweite ein Kaufmann aus Frankfurt a. Main, Daniel de Briers. Beide erklärten, sie hätten eine grosse Menge Schneeberger Safflorfarbe eingekauft, aber die Handlung wolle nicht in Fluss kommen, da die Jahre vorher sehr viel und sehr schlechtes Gut gemacht worden sei, dennoch wollten sie gern diesen Handel fortsetzen, wenn dafür nur auf 1—3 Jahre eine feste Ordnung gemacht werde. Schliesslich baten sie, hierin zu vermitteln. Der Kurfürst ergriff sofort diese sich ihm bietende Gelegenheit, und schloss ohne vorherige Anhörung der Schneeberger Kobaltgewerken, ja ganz ohne ihr Vorwissen, Neujahr 1627 mit den beiden Kaufleuten einen neuen Kobaltkontrakt auf 6 Jahre ab[39]). Jährlich sollen den beiden Kontrahenten aus Schneeberg und Neustädtlein 3000 Kübel Kobalt geliefert werden. Die Bezahlung soll nach 4 Proben oder Sorten, von denen jedoch die niedrigste No. 4 als vollkommen wertlos gerechnet wird, bemessen werden, und zwar soll von den ersten 3 Proben der Kübel bezahlt werden:

No. 1 mit 3 Rthl.
No. 2 „ $2^1/_2$ „
No. 3 „ $1^1/_4$ „

Die verfertigten Proben sind in Schneeberg wohl aufzubewahren und nach ihnen der eingelieferte Kobalt zu taxieren. Die taxierten Kobalte sind sodann an die beiden Kontrahenten

---
[36]) Rep. IX Loc. 36322 No. 4338a.
[37]) Rep. IX Loc. 36322 No. 4338a.
[38]) Rep. IX Loc. 36197 No. 3155 fol. 15.
[39]) Rep. IXb Abt. C. No. 12 Fasc. I fol. 45—49. Den Wortlaut dieses Kontraktes siehe in der Beilage No. II zu dieser Arbeit.

zu liefern, die daraus Safflor machen und diesen in- und ausserhalb des Landes verhandeln dürfen. Die Bezahlung für die gelieferten Kobalte ist den Gewerken von den Kontrahenten sofort baar und ohne Abzug zu leisten, — also nicht von dem Kurfürsten mehr durch das Zehntamt, wie bisher, dieser ist also nicht mehr selbst an dem Handel beteiligt, sondern vermittelt und überwacht denselben nur noch durch seine Bergbeamte. — Ferner sollen die Kontrahenten den Kobalt, der dem Kurfürsten als Stollenneunter und Zwanzigster von den Gewerken gegeben wird, so wie den auf den kurfürstlichen Zechen erbauten, den Kübel zu 3 fl. annehmen. Fürs erste wollen die Kontrahenten ihren Kobalt und Safflor nicht von Schneeberg abführen, damit die Handlung damit wieder „in Reputation und Aufnehmen" komme, aller Handel mit Safflor und Kobalt ist sonstigen Personen während dieser 6 Jahre streng verboten, dafür sollen aber auch die Kontrahenten verpflichtet sein, jährlich die 3000 Kübel anzunehmen, mag nun durch den Krieg der Handel ins Stocken geraten oder nicht. Werden in einem Jahr mehr als 3000 Kübel Kobalt gewonnen, so wird der Ueberschuss für das nächste Jahr beigestürzt. Dafür zahlen die Kontrahenten jährlich 1000 Thaler in die kurfürstliche Rentkammer in zwei Terminen am Oster- und am Michaelismarkt, ebenso wie jährlich 50 fl. Mietsgeld für das ihnen zum Safflormachen überlassene kurfürstliche Pochwerk. Wollen die Kontrahenten nach Ablauf der 6 Jahre den Kontrakt nicht erneuern, so müssen sie denselben ein halbes Jahr zuvor kündigen, im anderen Falle haben sie vor anderen Bewerbern bei der Erneuerung den Vorzug.

Dieser perfekte Kontrakt wurde am 28. Januar 1627 den Kobaltgewerken mitgeteilt[40]), die sich alsbald dagegen zur Wehr setzten, indem sie ihn für unannehmbar erklärten und als den sicheren Verderb des ganzen Bergbaus hinstellten. Schon am 29. Januar 1627[41]) wandten sich die bauenden Gewerke zu Schneeberg und Neustädtlein mit einer Supplikation direkt an den Kurfürsten, um ihre Bedenken gegen den Kontrakt geltend zu machen und um Beibehaltung der freien Verhandelung zu bitten. Besonders beschweren sie sich hierin über das zu kleine Quantum der abzunehmenden Kobalte von nur 3000 Kübeln und

---

[40]) Rep. IX Loc. 36057 No. 30 fol. 4—6.
[41]) Rep. IX Loc. 36057 No. 30 fol. 7—8, 21—22.

über den zu geringen Preis, unter diesen Bedingungen müssten sie alle rettungslos verarmen. Sie bitten deshalb den neuen Kontrakt wieder aufzuheben und sie bei der freien Verhandelung zu belassen, der Neunte und der Zwanzigste solle auf's Pünktlichste geliefert werden, und jede Partiererei ihrerseits unterbleiben. Um den Gewerken nun in dieser Hinsicht etwas entgegenzukommen, erklärten die beiden Kontrahenten am Leipziger Ostermarkt 1627[42]) schriftlich, dass sie zwar unter den obwaltenden Umständen nicht im Stande seien, sofort mehr als 3000 Kübel und zu einem höheren Preis anzunehmen, dass sie aber, wenn sich die Verhältnisse wieder bessern würden, bereit seien, eine grössere Menge Kobalt anzunehmen und etwas höher zu bezahlen. Die so gut wie nichts sagende und zu nichts verpflichtende Erklärung der Kontrahenten konnte nun freilich den Widerstand der Gewerken nicht beseitigen, aber sie hatte die wohl beabsichtigte Wirkung, dass sich nun die Gewerken in zwei Parteien spalteten, von denen die eine erklärte, mit dem Kontrakt unter der Bedingung einer stärkeren Abnahme und der Zahlung eines höheren Preises einverstanden zu sein[43]), während der übrige Teil auf seinem Widerstande verharrte. Diese einem Kontrakt unbedingt feindliche Partei erklärte sich bereit, wenn es bei der freien Verhandelung bliebe, neben dem Stollenneunten dem Kurfürsten anstatt des Zwanzigsten den 10. Kübel ihrer gewonnenen Kobalte zu geben, während die Gegenpartei dies Anerbieten für unannehmbar erklärte und sich für einen festen Kontrakt entschied, jedoch immer unter den von ihnen gestellten Bedingungen einer stärkeren Abnahme und höherer Bezahlung[44]). Die Verhandelungen darüber zogen sich durch das ganze Jahr 1627 hin; am Michaelismarkt 1627 willigten endlich die Kontrahenten in eine Abnahme von jährlich 4000 Kübel[45]), eine Preiserhöhung jedoch meinten sie für den Augenblick nicht eintreten lassen zu können. Das Schneeberger Bergamt seinerseits erklärte am 13. November 1627[46]), dass man den bauenden Gewerken die von den Kontrahenten festgehaltenen niedrigen Preise nicht zumuten dürfe, da die Bergbaukosten zu hoch wären. Teilweise hätten sich nun die Gewerken erboten, bei freier Ver-

---

[42]) Rep. IX Loc. 36057 No. 30 fol. 11 und 19.
[43]) Rep. IX Loc. 36057 No. 30 fol. 10—11.
[44]) Rep. IX Loc. 36057 No. 30 fol. 12 und 18, fol. 53—59.
[45]) Rep. IX Loc. 36057 No. 30 fol. 66—68.
[46]) Rep. IX Loc. 36057 No. 30 fol. 61 und 74.

handelung den 10. anstatt des 20. Kübels an den Kurfürsten zu geben, ein Drittel der Gewerke wolle aber durchaus nicht darein willigen, daher sei es das Beste, den Gewerken zu erlauben, ihren Kobalt selbst zu Safflor zu machen, wobei dann diese ihren guten und geringen Kobalt zusammenarbeiten könnten, dann könne event. den Kontrahenten der Vorzug beim Ankauf dieses Safflors vor anderen gewährt werden, wenn sie denselben nach den Proben und seinem Wert jedesmal bezahlten. Leider ist dieses Auskunftsmittel, das wohl den einzig gangbaren Weg aufzeigte, um aus der schlechten Lage jener Jahre sich hinauszuretten, nicht angewandt worden. Wahrscheinlich sind die Kontrahenten nicht damit einverstanden gewesen. Der Kurfürst liess vielmehr am 12. Februar 1628 die Gewerken selbst über die Frage: Kontrakt oder freie Verhandelung? entscheiden[47]). Sämmtliche bauende Gewerke mussten sich nämlich mit Angabe der Bergteile, die sie bauten, in eins von 2 Verzeichnissen einschreiben lassen, je nach dem, ob sie für den Kontrakt oder für die freie Verhandelung waren. Das Ergebnis war: Für den Kontrakt waren 30 Personen in 47 Gewerkschaften und Belehnungen auf 87 Fundgruben mit 3581 Bergteilen. Für freie Verhandlung waren 43 Personen in 70 Gewerkschaften und Belehnungen auf 132 Fundgruben mit 6484 Bergteilen. In Folge dieser Majorität für die freie Verhandelung erklärte der Kurfürst am 28. April 1628[48]) den Kontrakt für aufgehoben und gestattete von neuem die freie Verhandelung gegen die Abstattung des 10. Kübels guten, reinen und ausgeschlagenen Kobalts, daneben blieb auch die Abgabe des Stollenneunten bestehen, die in Geld oder Kobalt erlegt werden konnte. Diejenigen von den Gewerken, welche von den bisherigen Kontrahenten schon Verlag oder Vorschuss erhalten hätten, sollten sich gütlich mit ihnen vergleichen, oder der rechtmässigen Entscheidung warten.

Wir treten nun in die wohl traurigste Zeit für den Schneeberger Kobaltbergbau ein. Schon 1629 bitten die bauenden Gewerken, ihnen an Stelle des 10. Kübels wieder die Abgabe nur des 20. zu gestatten, da sie von ihren Kobalten nichts gegen Baarzahlung loswerden könnten, wenn sie ihn auch noch so billig hingeben wollten[49]), dieselbe Bitte wiederholen sie 1632[50]), sie

---
[47]) Rep. IX Loc. 36197 No. 3155 fol. 101—116.
[48]) Rep. IX Loc. 36197 No. 3155 fol. 132—134.
[49]) Rep. IX Loc. 36197 No. 3155 fol. 193.
[50]) Rep. IX Loc. 36087 No. 990 fol. 5—8.

muss ihnen also 1629 nicht erfüllt worden sein. Zugleich bitten sie wieder um Zustandebringung eines festen Kobaltkontraktes. Dies war aber bei der damaligen schlechten Lage aller kommerziellen und politischen Verhältnisse ein Ding der Unmöglichkeit, besonders da die elenden Verhältnisse des damaligen Schneeberger Bergbaus und die bisher gemachten Erfahrungen verbunden mit der allgemeinen Unsicherheit die fremden Kaufleute abschrecken musste, sich durch einen Kontrakt auf längere Zeit zu binden. Von den Verhältnissen und der Lage der Schneeberger Kobaltgewerken in dieser Zeit giebt uns ein Bericht des Berghauptmanns Georg Friedrich von Schönberg aus dem Jahre 1631 ein anschauliches Bild[51]). Nach diesem haben die Gewerken seit 1628 besonders deshalb gar keinen Absatz für ihren Safflor gefunden, weil seitdem die Holländer vollkommen von diesem Handel zurückgetreten seien, die bisher den meisten Safflor den früheren Kontrahenten wieder abgenommen, ausserdem habe sich der Krieg immer weiter ausgebreitet, so dass alle Pässe versperrt waren und jeder Handel ins Stocken geraten sei. Die Gewerken haben nun selbst versucht ihre Waaren zu verführen, haben sie aber mit Schaden für einen sehr billigen Preis losschlagen müssen, der ihnen oft nicht einmal in Geld sondern in Waren ausgezahlt worden sei, an denen sie dann beim Verkauf wieder Schaden gemacht hätten. Die Arbeiter auf den Zechen habe man mit Kobalt auslohnen müssen, die ihn dann wieder spottbillig nach Böhmen verkauft hätten, nur um nicht Hunger sterben zu müssen. Es sei nun zwar befohlen worden, die Arbeiter ferner nur mit Geld auszulohnen, es sei aber davon so wenig vorhanden, dass man befürchten müsse, dass bei Aufrechterhaltung dieser Bestimmung der Bergbau fast ganz eingestellt werden müsse.

Zu diesem Unglück kam noch hinzu, dass jetzt im Anfang der dreissiger Jahre Schneeberg auch direkt von dem Krieg in Mitleidenschaft gezogen wurde. 1632 hausten Croaten in Schneeberg. Am 4. August 1633 überfiel Holke die Stadt, plünderte sie total aus und liess viele Gruben ruinieren[52]). 1633 soll die Einwohnerzahl Schneebergs nur 2000 betragen haben gegen 3100 im Jahre 1600. Um 1618 gab es in Schneeberg 600 bewohnte Häuser, und 1640 deren nur etwa 100[53]). Wegen der mangelnden Geldmittel hatte man es auch unterlassen, die notwendigen Ar-

---
[51]) Rep. IX Loc. 36087 No. 940 fol. 5—12.
[52]) Schumann a. a. O. pag. 474—475.
[53]) Schumann a. a. O. pag. 451.

beiten an den grossen Wasserstollen vorzunehmen. Die Folge davon war ein Ersaufen sehr vieler Gruben. So brach in der Mitte der dreissiger Jahre der sogenannte tiefe Semmlerstollen, deshalb konnte man fast nirgends mehr wegen eindringenden Wassers tiefer bauen, und die Erträge an Kobalt wurden immer geringer. Melzer[54]) meint, dass man um 1638 kein Grubengebäude um Schneeberg gehabt habe, welches irgend einen Ertrag abgeworfen, da man den Kübel Kobalt damals höchstens mit 24—27 Groschen habe nutzen können, während die Gewinnungskosten 1 fl. und mehr betrugen, und man ausserdem noch den 9. und 10. Kübel als Abgabe habe geben müssen. Eine Ausnahme hätten nur gemacht die Gruben Schindlern und Fleischern, St. Anna und Sonnenwirbel, weil auf diesen Gebäuden zuweilen etwas Wismut gewonnen worden sei.

Dass jedoch inzwischen der Kobalthandel nicht ganz geruht, sondern immer noch Schneeberg von fremden Kaufleuten wegen des Einkaufs von Kobalt und Safflor aufgesucht wurde, beweist das Gesuch Hans Frieses aus Hamburg vom 5. April 1638[55]), in dem er bittet, ihm wie am 10. Juli 1635 auf 3 Jahre, so jetzt auf 5 oder 6 Jahre den freien Einkauf des Kobalts gegen die Entrichtung von 4 Groschen für den Centner an den Kurfürsten zu gestatten. Der Kurfürst verlangt nun von dem Bergamtsverwalter in Schneeberg ein Gutachten, ob er diesem Gesuch Folge leisten solle, oder ob der Kobalt höher zu nützen sei. Als das Gutachten rät, das Gesuch zu erfüllen, da der Kobalt nicht höher nutzbar sei, gestattet der Kurfürst dem Friese am 20. December 1638 den Einkauf, doch soll er von nun an die Waare baar bezahlen und zwar den Centner, anstatt bisher mit 3 Thalern, von nun an mit 3 Thalern 6 Groschen, ausserdem soll er an Zehntengebühr jetzt an Stelle der bisherigen 4 Groschen, 6 Groschen entrichten. Hierin treten uns jedoch schon wieder die ersten Keime einer Besserung in der Lage der Verhältnisse entgegen, deren Weiterentwickelung bis zum Jahre 1653 wir in dem nächsten Kapitel noch zu verfolgen haben werden.

---

[54]) Melzer a. a. O. pag. 481.
[55]) Rep. IX Loc. 36322 No. 4338a.

Kapitel III.
Das Aufkommen der sächsischen Blaufarbenwerke.
Die Zeit von 1640—1653.

Seit dem Jahre 1628 war endgiltig an Stelle bestimmter Kobaltkontrakte für die sächsischen Kobaltgewerken die Erlaubnis der freien Verhandelung ihrer gewonnenen Kobalterze getreten, ohne dass damit die erhoffte Wirkung eingetreten und sich die Lage irgendwie gebessert hätte. Vielmehr haben wir gesehen, dass die Verhältnisse für den Schneeberger Bergbau gerade in den dreissiger Jahren des 17. Jahrhunderts überaus traurig waren. Die Erträge der Gruben waren stark gesunken und hoben sich erst langsam wieder in den vierziger Jahren, dies wurde, wie wir ebenfalls gesehen, mit veranlasst durch die Verwahrlosung, in die man, durch den Geldmangel gezwungen, die Stollen und Berggebäude versinken lassen musste. Dies und das Stocken aller Handelsbeziehungen mit dem Ausland durch die Kriegsunruhen und die sonstigen Verwüstungen, welche der unheilvolle Krieg mit sich brachte, hatten den Schneeberger Bergbau in einen circulus vitiosus hineingebracht, aus dem ein Entrinnen kaum mehr möglich erschien. Diese unheilvolle Zeit hatte wohl bei den meisten Gewerken die Erkenntnis reifen lassen, dass ihre Lage bei den früher so heftig bekämpften Kobaltkontrakten immer noch gesicherter gewesen war, wenn auch die Hauptvorteile nicht ihnen, sondern den Abnehmern, also den fremden Händlern, zu Gute kamen, als bei der freien Verhandelung, bei der während der unsicheren Zeit die meist kapitalarmen Gewerke ganz von der Gnade der ausländischen

Farbhändler abhängig waren. Dazu waren die ärgsten Kriegsstürme vorüber, freilich wurde noch 1642 Schneeberg von den Schweden unter Königsmark wieder geplündert[1]), aber im ganzen traten doch wieder ruhigere Zeiten ein. Ausserdem zeigten sich auch die Kobaltgruben seit einiger Zeit wieder ergiebiger. Wir haben schon im vorigen Kapitel gesehen, dass z. B. 1638 von 28 Zechen 4033 Kübel gewonnen worden waren, ein Ertrag, der seit langem nicht mehr erreicht worden war, wenn er auch dem aus dem Anfang der zwanziger Jahre bei weitem nicht gleich kam. Dann war der Ertrag freilich sofort wieder beträchtlich gesunken, so wurden 1640 von 15 Zechen nur noch 1709 Kübel gewonnen, aber schon 1641 von 19 Zechen wieder 3885 Kübel. Seit 1642 tritt dann an die Stelle des Kübels, als bisherigen Einheitsmaasses, der Centner, leider ohne dass uns das gegenseitige Verhältnis dieser beiden Messungsnormen angegeben wird. Wir lassen nun die uns bei Melzer[2]) angegebene Förderungstabelle der Jahre 1642—1655 weiter folgen, in der uns von jetzt an auch wieder der nach den Proben taxierte Wert der geförderten Kobalte genannt wird. Es wurden danach gefördert:

1642 von 25 Zechen 1844 Centner = 6411 fl. 1 gl. — ₰
1643 „ 28 „ 2243 „ = 7380 „ 1 „ — „
1644 „ 21 „ 2375 „ = 8797 „ 17 „ 6 „
1645 „ 19 „ 2551 „ = 9686 „ 9 „ — „
1646 „ 24 „ 2667 „ = 6481 „ 18 „ — „
1647 „ 29 „ 3292 „ = 11949 „ 10 „ — „
1648 „ 27 „ 2697 „ = 9723 „ 6 „ — „
1649 „ 25 „ 2405 „ = 9176 „ 9 „ — „
1650 „ 30 „ 2340 „ = 8735 „ 3 „ — „
1651 „ 24 „ 2620 „ = fehlt
1652 „ 26 „ 2669 „ = fehlt
1653 „ 30 „ 4198 „ = 15264 fl. 18 gl. 6 ₰
1654 „ 34 „ 5292 „ = 20513 „ 3 „ 3 „
1655 „ 22 „ 3677 „ = 13308 „ 12 „ — „

Als besonders ertragreich werden um 1642 folgende Gruben genannt,[3]) Schindlern und Fleischern, St. Bernhard, St. Anna mit Daniel, Sieben Schlehen, Gesellschafterzug und Rappold, später auch Sonnenwirbel, Bierkrug mit Säuschwart, Morgen-

---

[1]) Siehe Martin Zeiller. Topographia Superioris Saxoniae 1650 pag. 159.
[2]) Melzer a. a. O. pag. 435—446.
[3]) Aug. Schumann a. a. O. pag. 464.

und Abendstern, Johannis Lehn, Wolfgang, Adam Heber und Neuer Schacht. Aus diesen Ursachen sehen wir denn seit 1640 den Wunsch nach einem allgemeinen, umfassenden Kobaltkontrakt wieder auftauchen, zugleich mit Versuchen, in Sachsen selbst wieder Blaufarbmühlen zu errichten, ein Plan, der, wenn er gelang, wohl im Stande war, dem sächsischen Kobaltbergbau eine sicherere Unterlage zu geben, als der Verkauf des Kobalts und Safflors an auswärtige Handelsleute, da bei dem immer noch fortdauernden Kriege leicht wieder einmal auf längere oder kürzere Zeit alle Handelswege verlegt werden konnten.

Die ersten Gesuche an den Kurfürsten um die Erlaubnis, in Kursachsen Blaufarbmühlen bauen zu dürfen, gingen von zwei Seiten aus, die allerdings keineswegs die Gewähr dafür boten, dass sie im Stande wären, dem Kobaltbergbau dann auch den nötigen Rückhalt zu leisten. Glücklicher Weise wurde diese Gefahr auch richtig erkannt und die erbetenen Privilegien nicht gewährt. Sie gaben aber den Anstoss zu grösseren umfassenderen Unternehmungen, aus denen sich dann etwas Bleibendes mit der Zeit entwickeln konnte. Die beiden Petenten waren Christoph Löwel, Besitzer der Glashütte in Jugel, welcher am 15. Mai 1640 um ein Privileg bat, eine Farbmühle in Jugel erbauen zu dürfen, die die einzige in Sachsen bleiben sollte[4]), und der Müller Nikolaus Fischer in Aue, dessen Gesuch vom 6. Juni 1640 datiert[5]). Beide geben als Motivirung für ihr Gesuch an, dass sie sich wegen der schlechten Zeiten mit ihrem bisherigen Gewerbe nicht mehr ernähren könnten. Beide würden deshalb wohl auch nie im Stande gewesen sein, ihre Unternehmung so weit auszugestalten, dass sie etwa den gesammten Gewerken den erbauten Kobalt auch nur annähernd hätten abnehmen können. Sie hätten sich dann nur auf einige Gewerke beschränkt, die besonders guten Kobalt gewonnen, wodurch natürlich die übrigen erst recht geschädigt und in ihrer Existenz bedroht worden wären. So stand hinter Fischer der grössere Gewerke und Stadtrichter

---

[4]) Zu dem Gesuch Christoph Loewel's siehe Rep. IX Loc. 36087 No. 990 fol. 9—10 und fol. 26—27, weiter Rep. IX Loc. 36058 No. 42 fol. 1.
[5]) Zu dem Gesuch des Nikolaus Fischer siehe Rep. IX Loc. 36087 No. 990 fol. 11—12, fol. 17 und 19, und das unten zu erwähnende Gutachten des kurfürstlichen Amtsschössers zu Schwarzenberg, Christoph Halboth, zu dieser Angelegenheit Rep. IX Loc. 36087 No. 990 fol. 16.

in Schneeberg, Hans Burkhardt, der dann später, als Fischer das Privileg nicht erhielt, selbst an dessen Stelle trat, und man kann vermuten, dass hinter Löwel der zweite der beiden grösseren Schneeberger Gewerken Ulrich Röhling stand, da sich diese beiden Gewerken zuerst einem allgemeinen Kobaltkontrakt, bei dem alle Gewerken berücksichtigt werden sollten, widersetzten, weil sie bei solchen partiellen Unternehmungen mit Recht für sich den grösseren Vorteil erhoffen durften. Zum Glück wurde aber, wie schon oben gesagt, diese von hier drohende Gefahr rechtzeitig von den beteiligten Kreisen erkannt und Schritte gegen sie gethan, so dass die Gesuche Löwels und Fischers trotz ihres öfteren Drängens und trotz des befürwortenden Gutachtens des Schwarzenberger Amtsschössers Christoph Halboth in Sachen des Fischerschen Gesuches, unberücksichtigt blieben. Am 31. August 1640 wandten sich nämlich sämmtliche bauende Gewerke zu Schneeberg, ausser Hans Burkhardt und Ulrich Röhling, mit einer Bittschrift an den Kurfürsten[6]), in der sie Folgendes ausführen. Schon 1632 hätten sie wieder um Aufrichtung eines Kontraktes gebeten, doch sei damals wegen der Kriegsunruhen kein solcher zu Stande gekommen. Nun wolle eine Privatperson — ein Name wird nicht genannt, ebenso wenig wie gleich weiter unten bei den 1—2 Gewerken — in der Nähe eine Blaufarbenmühle bauen, dies würde aber höchstens 1—2 Gewerken zum Schaden der übrigen Nutzen bringen, denn wenn die betreffende Blaufarbenmühle die guten Kobalte der 1—2 Gewerke zu einem schönen Blau verarbeiten würde, dann könnten die fremden Kaufleute nicht mehr konkurrieren, und würden nicht mehr den Kobalt und Safflor der anderen Gewerke für ihre in- und ausserhalb des Reiches befindlichen Farbmühlen aufkaufen können. Deshalb bitten die Gewerken, dass der Kurfürst keinem ein Privilegium zum Bau einer Blaufarbmühle in Sachsen oder über das Pottaschesieden erteilen möge, der sich nicht dahin verpflichten wolle, die Kobalte von allen und jeden Gewerken anzunehmen, oder wenigstens, wenn nicht alle, so doch jährlich 2000 Centner zu einem billigen Preise.

Mit dieser Bittschrift war klar der einzig gangbare Weg zu einer erspriesslichen Weiterentwickelung vorgezeichnet, und dieser wurde dann auch Dank der Einsicht des Kurfürsten und seiner Räte wirklich eingeschlagen. Der erste Schritt nach vorwärts auf

---

[6]) Rep. IX Loc. 36087 No. 990 fol. 13—15.

diesem Wege war nun die Zustandebringung eines allgemeinen Schneeberger Kobaltkontraktes.

Um einen solchen Kontrakt zum Abschluss zu bringen, beauftragte am 24. Oktober 1640 der Kurfürst den Berghauptmann Georg Friedrich von Schönberg und den Bergamtsverwalter zu Freiberg Wolf Siegel [7]) damit, zusammen mit dem Schneeberger und Annaberger Zehnter die Schneeberger Gewerke und etwa sich anbietende Kontrahenten vor sich zu laden, ihre Vorschläge anzuhören und zu versuchen, einen Kontrakt zu schliessen, nach dem den Gewerken eine bestimmte Anzahl Centner guter, mittlerer und geringer Kobalte abgenommen würde, die Bezahlung derselben müsse baar erfolgen nach den gemachten Schiedproben, und müssten auch die Gewerken, die nur geringen Kobalt erbauen, berücksichtigt werden, weiter dürfe nur mit Geld, nicht mit Farbe oder Kobalt gelohnt werden. Der Verkauf von Kobalt nach Joachimsthal in Böhmen solle dagegen gänzlich verboten werden. Gelänge es ihnen nicht, einen Kobaltkontrakt zum Abschluss zu bringen, so solle dem Kurfürsten ein Bericht eingereicht werden, wie weit man gekommen, nebst einem Gutachten, wie ein Interim mit dem Kobalt- und Farbkauf bis zum endlichen Abschluss eines Kontraktes herzustellen sei.

Ehe nun die hier vom Kurfürsten Beauftragten zur Ausführung ihrer Aufgabe schritten, war auch schon von anderer Seite diesem Ziele selbständig vorgearbeitet worden. Am 6. März 1641 schloss nämlich der Hamburger Kaufmann Hans Friese mit 6 Kobaltgewerken in Schneeberg einen privaten Kobaltkontrakt [8]) ab, welcher dem Bergamt zur Eintragung in das Bergamtsbuch übergeben wurde, und ausdrücklich die Bestimmung enthielt, dass der Kontrakt von dem Augenblick an als kassiert zu betrachten sei, in dem es dem Kurfürsten gelinge, einen Kontrakt zu vermitteln. Der Inhalt ist folgender: Friese nimmt von den betreffenden Gewerken auf 3 Jahre jährlich 300 Centner Kobalt an, und bezahlt ihn sofort nach der Lieferung baar pro Centner mit 2 Thalern 6 Groschen, doch können die Gewerken auch einen Teil der Bezahlung in Waaren von Friese nehmen. Erbauen die Gewerken noch mehr Kobalt, so muss dieser Überschuss ebenfalls erst Friese angeboten werden, will dieser ihn nicht annehmen, so können die Gewerken ihn anderweitig verkaufen.

---

[7]) Rep. IXb Abt. C. Loc. 41958 No. 12 fol. 1—4.
[8]) Rep. IXb Kap. IX Ab No. 4 Loc. 41814 fol. 28—32.

Der zu liefernde Kobalt soll rein und tüchtig ausgeschlagen sein, ohne Hornstein, Schiefer und Kies. Die erste Lieferung erfolgt Ostern 1641, und dann erfolgt alle 6 Wochen eine weitere Lieferung und Bezahlung. Verzögert sich einmal wider Verhoffen die Bezahlung um 3—4 Wochen, so sind die Gewerken verpflichtet zu warten, wird dann noch nicht gezahlt, so können sie ihren Kobalt anderweitig verkaufen und den Kontrakt kassieren. Nach Ablauf der 3 Jahre hat Friese bei ihnen für einen neuen Kontrakt wieder den Vorzug, nach Massgabe dessen, was dann ein Centner Kobalt kostet.

Einen fast wörtlich gleichen Kontrakt für die gleiche Zeitdauer, die gleiche Anzahl Centner, und denselben Preis schloss dann Friese noch am 15. März 1641 mit dem Gewerken Hans Helbig zu Schneeberg auf den Gruben Mohren und Engel [9]). Helbig konnte aus eigenen Mitteln von einer Förderung zur anderen die Betriebskosten nicht bestreiten, und deshalb sollte ihm Friese wöchentlich 8 Thaler zum Auslohnen der Arbeiter vorweg zahlen lassen.

Inzwischen hatte der Kurfürst am 22. Februar 1641 seinen Befehl vom 24. Oktober 1640 wiederholt, doch waren die Bemühungen der kurfürstlichen Kommissare, einen allgemeinen Kontrakt zu Stande zu bringen, an dem Widerstande Hans Burkhardts und Ulrich Röhlings bisher gescheitert. Deshalb hatte das Oberbergamt nun dem Bergmeister und Zehnter zu Schneeberg den Auftrag gegeben, einen Interimskontrakt zu Stande zu bringen. Zu diesem Interimskontrakt hatte sich ausser Hans Friese der Schneeberger Bürger, Gewerke und Verleger Veit Hans Schnorr erboten, dieser hatte vor kurzem in der Schönbergschen Herrschaft Hartenstein eine Farbmühle erbaut, und wollte nun dort den Schneeberger Kobalt verarbeiten, beide erklärten auf ein Jahr in den Kontrakt zu willigen unter der Bedingung, dass während dieser Zeit keine Blaufarbmühlen in Sachsen erbaut werden dürften, damit man später mit Zuziehung noch anderer Kaufleute einen Hauptkontrakt schliessen könne. Ausserdem verlangte Schnorr das ganze oder wenigstens halbe Pottascheprivilegium für das Schwarzenberger Amt. Unter diesen Bedingungen wollte sich Friese mit $1/3$, Schnorr mit $2/3$ an dem Interimskontrakt beteiligen.

---

[9]) Rep. IXb Kap. IX Ab No. 4 Loc. 41814 fol. 33—36.

Dieser Kontrakt kam am 17. Mai 1641 zwischen den beiden Kontrahenten und 23 Schneeberger Kobaltgewerken auf ein Jahr wirklich zu Stande[10]). Seine Bedingungen waren folgende: Friese nimmt ausser den Kobalten aus dem Gesellschafterzug und der Mohrenfundgrube — siehe die beiden Kontrakte oben — noch 200 Centner guter und reiner Kobalte von den übrigen Gewerken. Veit Hans Schnorr nimmt den kurfürstlichen Neunten- und Zehntenkobalt, seine eigenen erbauten Kobalte, und noch 400 Centner von den anderen Gewerken. Die Zahlung dafür muss baar erfolgen, ausser wenn die Gewerken sich bis zum nächsten Markt gedulden wollen, besonders wenn im Fall drohender Kriegsgefahr Geld an Ort und Stelle nicht geschafft werden kann. Die Kobalte wurden nach ihrer Güte in 3 Sorten geteilt und folgende Preise angesetzt:

No. I pro Centner $3^1/_2$ Thaler,
„ II „ „ 2 „ 18 Groschen,
„ III „ „ 2 „ .

Kobalterze, welche die Probe No. 1 an Güte übertreffen, sollen nach dem Ermessen der Bergbeamten bezahlt werden. Wenn sich Gewerke und Kontrahenten über die Abschätzung der Kobalte nicht einigen können, so entscheiden der Zehnter und das Bergamt, nötigen Falls sind noch 2 des Probierens kundige Leute dabei zu Rate zu ziehen. Die Förderung der Erze hat auf allen Zechen in jedem Quartal wenigstens einmal zu erfolgen, sie muss 2—4 Tage vorher dem Zehnter, Bergamt und den Kontrahenten angezeigt werden. Es folgen dann noch nähere Bestimmungen über die Herstellung der Proben etc.

Gegenüber dieser Weiterentwickelung der Dinge gab auch Hans Burkhardt seinen bisherigen Widerstand auf, und meldete sich nun seinerseits ebenfalls zum Mitkontrahenten für den Hauptkontrakt an, unter der Bedingung, dass ihm erlaubt werde, auf Nikolaus Fischers Gut bei Aue eine Blaufarbenmühle erbauen zu dürfen[11]). Nur Ulrich Röhling beharrte weiter auf seinem Widerstande. Er behauptete schon in einem Privatkontrakt mit dem Holländer Winandt Woldring zu stehen, von dem er nicht abgehen könne, da dieser ihm zu seinem Bergbau Verlag gegeben und ihm, wenn er vom Kontrakt abginge, das Kapital kündigen werde. Nach Ablauf dieses Kontraktes wolle er gern auch in

---

[10]) Rep. IXb Kap. IX Ab No. 4 Loc. 41814 fol. 37—48.
[11]) Rep. IX Loc. 36087 No. 990 fol. 23.

den Hauptkontrakt eintreten[12]). Aber das Bergamt glaubte jetzt nicht mehr auf ihn Rücksicht nehmen zu brauchen, sein Kontrakt mit Woldring war nicht in das Bergamtsbuch eingetragen, und wurde deshalb als nicht gültig erklärt, und dem Kurfürsten geraten, mit Strafen gegen ihn vorzugehen. Vom 1.—5. September wurde in Schneeberg zwischen den kurfürstlichen Kommissaren, den Gewerken und den 3 Kontrahenten Friese, Schnorr und Burkhardt verhandelt[13]), und am 5. September 1641 der Schneeberger Haupt-Kobaltkontrakt abgeschlossen, der sämmtliche Schneeberger Gewerke, auch Ulrich Röhling trotz seines Protestes, umfasste. Er enthielt folgende Abmachungen[14]): Der Kontrakt ist geschlossen zwischen sämmtlichen bauenden Gewerken zu Schneeberg und Neustädtel und dem Stadtrichter Hans Burkhardt, dem Bürger Veit Hans Schnorr zu Schneeberg und dem Hamburger Kaufmann Hans Friese, jedoch mit jedem der 3 besonders und nicht in Gesellschaft auf die Dauer von 6 Jahren vom Quartal Reminiscere 1642 bis Schluss des Quartals Luciä 1647. Die Kontrahenten wollen von allen Gewerken mit Einschluss des kurfürstlichen Neunten- und Zehntenkobalts, sowie des von ihnen selbst erbauten, jährlich 2400 Centner abnehmen und bezahlen nach Massgabe folgender im Bergamt aufbewahrter Proben, und zwar in guter Münze Meissnischer Währung, den Reichsthaler zu 24 Groschen gerechnet.

No. 1 pro Centner mit 3 Thaler 18 Groschen,
No. 2 „ „ „ 2 „ 18 „
No. 3 „ „ „ 2 „ — „ .

Kobalte, die diese Proben übertreffen, oder nicht erreichen, sollen von den Kontrahenten der Entscheidung der Bergbeamten gemäss bezahlt werden. Jeder der Kontrahenten nimmt 800 Centner, und zwar Hans Friese die von den Gewerken auf dem Gesellschafterzug und der Mohrenfundgrube, Hans Burkhardt und Schnorr erstens das, was sie auf ihren eigenen Gruben erbauen, dann den kurfürstlichen Neunten- und Zehntenkobalt, und dann jeder von ihnen noch so viel Centner von den übrigen Gewerken, als ihnen noch an 800 Centnern fehlen. Es folgen dann nähere Bestimmungen über die Förderung und die Herstellung der Proben,

---

[12]) Rep. IX Loc. 36196 No. 3146 fol. 56—59.
[13]) Rep. IX Loc. 36058 No. 42 fol. 4—13.
[14]) Rep. IXb Kap. IX Ab No. 4 Loc. 41814 fol. 49—53. Den Wortlaut des Kontraktes siehe in der Beilage No. III dieser Arbeit.

die sich den entsprechenden im Interimskontrakte anschliessen. Die Gewerken sollen bei Vermeidung hoher Strafe während der Dauer dieses Kontraktes nichts an Kobalt oder Safflor an jemand anders als die Kontrahenten verkaufen dürfen, die schon auf Vorrat befindlichen 600 Centner wollen Friese und Schnorr ihnen allmählich in kleineren Posten abnehmen, weil Burkhard selbst schon einen bedeutenden Vorrat liegen hat. Wenn einer der Kontrahenten stirbt, so sind dessen Erben zur Fortsetzung des Kontraktes bis zu seinem Ablauf verpflichtet. Friese darf seine Kobalte ausser Landes führen, Burkhardt wird die Erlaubnis erteilt, im Kurfürstentum eine Farbmühle zu erbauen, ebenso soll es Schnorr erlaubt sein, an Stelle seiner bisherigen im Schönbergischen Gebiete eine solche im Kurfürstentum zu erbauen, und auf diesen ihre Kobalte zu verarbeiten, doch dürfen auch die beiden letztgenannten ihren Kobalt und Safflor auf andere Weise in- und ausserhalb des Landes verkaufen. Weiter haben sich die Kontrahenten für die Innehaltung des Kontraktes mit ihrem in- und ausserhalb des Landes befindlichen ganzen Vermögen verbürgt.

Am 18. Januar 1642 bestätigte der Kurfürst diesen Kontrakt. Ulrich Röhling wurde befohlen, sich ihm zu fügen, widrigenfalls er mit Strafe bedroht wurde [15]). Weiter wurde Burkhardt, gegen dessen Blaufarbenmühlenbau bei Aue diese Stadt Einwendungen erhoben hatte [16]), so dass Burkhardt erklärt hatte, sich einen anderen Platz wählen zu wollen [17]), erlaubt, sich einen solchen zu suchen, den der Kurfürst dann durch Kommissarien besichtigen zu lassen versprach [18]). Ferner erliess der Kurfürst am 18. Januar 1642 ein Patent gegen die Kobaltpartiererei [19]), in ihm wurde jeder kontraktwidrige Kobaltverkauf durch die Gewerken, namentlich der nach Böhmen, mit einer Strafe von 500 fl. bedroht, im Unvermögensfalle sollte dafür eine Leibesstrafe eintreten. Dem Entdecker wurde die Hälfte des verpartierten Gutes zugesagt, die andere Hälfte sollte zur Unterhaltung des kurfürstlichen Stollen in Schneeberg gebraucht werden.

Der kurfürstlichen Erlaubnis gemäss hatte sich nun Hans Burkhardt in dem Dorfe Oberschlema, nahe bei Schneeberg, einen

---

[15]) Rep. IX Loc. 36058 No. 41.
[16]) Rep. IX Loc. 36087 No. 990 fol. 24—25.
[17]) Rep. IX Loc. 36087 No. 990 fol. 34—35.
[18]) Rep. IX Loc. 36087 No. 990 fol. 37—42.
[19]) Rep. IX Loc. 36087 No. 990 fol. 45—46.

Ort für den Bau seiner Farbmühle ausersehen, aber dem widersetzte sich der Rat von Schneeberg, welcher darin eine Schmälerung seiner Privilegien und Jurisdiktionen zu sehen glaubte [20]). Doch gelang es den damit vom Kurfürst beauftragten Komissaren, zwischen Burkhardt und dem Rat eine gütliche Einigung herbeizuführen [21]), nach der der Rat die Aufbauung der Blaufarbmühle in Oberschlema erlaubte, während Burkhardt ihn wegen dieser Mühle als seine ordentliche Obrigkeit anerkannte und einen jährlichen Erbzins zu geben versprach. Freilich waren damit die Streitigkeiten wegen dieser Blaufarbmühle noch nicht ganz beigelegt, noch 1644 hören wir von solchen zwischen dem Rat und Burkhardt wegen des Holzflössens [22]). Nachdem so aber die Hauptschwierigkeit aus dem Wege geräumt war, erteilte nun der Kurfürst am 28. Juli 1642 Burkhardt ein Privileg für seine in Oberschlema zu erbauende Blaufarbmühle [23]). Er und seine Erben dürfen in ihr den eigen erbauten oder durch Kontrakt erhandelten Kobalt verarbeiten, die Mühle steht unter dem Ober- und Untergericht des Schneeberger Rates, und hat an das Schneeberger Zehntamt einen jährlichen Zins von 12 fl. in guter Münze Meissnischer Währung zu entrichten. Damit stand dem Bau der ersten Blaufarbmühle im Kurfürstentum Sachsen nichts mehr im Wege.

Aber für den erst eben neu geschlossenen Kobaltkontrakt erhoben sich bald ernste Schwierigkeiten, die seine Fortdauer gefährdeten. Zuerst gerieten Gewerke und Kontrahenten in Streit wegen der Taxierung der Kobalte nach den verfertigten Schiedproben. Die Kontrahenten beschwerten sich, dass das Bergamt die die Nummer 1 der Proben an Güte übertreffenden Kobalte zu hoch taxiere und überhaupt Mitteltaxen eingeführt habe. Der Kurfürst verfügte hierüber unter Androhung strenger Strafe für den sich nicht Fügenden, dass Mitteltaxen überhaupt nicht gebraucht werden sollten. Die die No. 1 der Probe übertreffenden Kobalte sollten als No. 1 taxiert und dafür ebenso solche, die No. 2 zwar übertäfen, aber No. 1 nicht ganz erreichten, ebenfalls als No. 1 bezahlt werden. Bei grösseren Unterschieden sei die nächstniedrigere Probe zu bezahlen. Die No. 3 nicht erreichenden Kobalte brauchten die Kontrahenten überhaupt nicht

---

[20]) Rep. IX Loc. 36058 No. 42 fol. 14—16.
[21]) Rep. IXb Abt. B Loc. 41948 No. 510.
[22]) Rep. IX Loc. 36087 No. 990 fol 84.
[23]) Rep. IXb Abt. C No. 201 fol. 7—9, Rep. IX Loc. 36278 No. 3813.

anzunehmen, doch würden die Gewerken durch sorgfältiges und reines Ausschlagen diese Probe wohl fast immer erreichen. Der Kontrakt müsse auf jeden Fall gewahrt bleiben, sonst wären die Gewerken ganz ohne Abnehmer für ihren Kobalt [24]). Ernster noch war eine neue Gefahr, die sich im folgenden Jahre 1644 geltend machte. Im Jahre 1643 war nämlich der eine Kobaltkontrahent Hans Friese in Hamburg gestorben. Nach den Bestimmungen des Kontraktes waren nun seine Erben zur Fortsetzung desselben verpflichtet. Dies war auch von Frieses Witwe anfangs versucht worden, bald aber waren die auf Frieses Anteil entfallenden Kobalte unabgenommen liegen geblieben, da sich grosse Schulden herausgestellt hatten, die Friese hinterlassen. Unglücklicher Weise war auch Frieses Hauptverleger Johann Vorporten in Hamburg in Bedrängnis geraten, und so waren schon im Oktober 1644 die Gewerken besonders auf dem Gesellschafterstollen seit $1\frac{1}{2}$ Jahren ohne Bezahlung geblieben. Ein Hauptgläubiger Frieses war der Kaufmann Sebastian Öhme aus Leipzig. Dieser hatte nun wegen seiner Forderung von 8753 Thalern die in Schneeberg noch befindlichen Friesischen Kobaltvorräte mit Arrest belegen lassen. Ausserdem weigerte sich nun aber auch Hans Burkhardt, der, nachdem er seine Blaufarbenmühle erlangt hatte, an dem Kontrakt kein besonderes Interesse mehr zu haben schien, da er mit dem Plan umging, seine eigenen Zechen so stark zu belegen, dass er für seine Farbmühle keine fremden Kobalte mehr brauchte, nach Frieses Tod weiteren Kobalt anzunehmen, bis sich ein neuer Kontrahent für Friese gefunden. Auch er hatte im Oktober 1644 schon seit 4 Quartalen keine Zahlung mehr an die Gewerken geleistet, die sich dadurch auf das ernsteste gefährdet sahen und sich hülfeflehend an den Kurfürsten wandten [25]). Dieser wies nun den Berghauptmann Georg Friedrich von Schönberg und die übrigen Bergbeamten an, schleunigst an Frieses Stelle einen neuen Kontrahenten zu suchen. Dieser fand sich in der Person des Sebastian Öhme, nachdem ihm bedeutet worden war, dass ohne sein Eintreten in den Kontrakt an Frieses Stelle sein auf die Friesischen Kobaltvorräte gelegter Arrest nicht berücksichtigt werden könnte, da sich Friese mit seinem ganzen Vermögen für

---

[24]) Rep. IXb Abt. C Loc. 41977 No. 177 fol. 2—4, und Rep. IXb Kap. IX Ab No. 4 Loc. 41814 fol. 54—59.
[25]) Rep. IX Loc. 36058 No. 41 und Rep. IX Loc. 36087 No. 990 fol. 66—69.

die Innehaltung des Kontraktes verbürgt habe. In Folge dieser Erklärung trat Öhme am 8. November 1644 an Frieses Stelle in den Kontrakt ein und verpflichtete sich auch, die bisher durch die Friesischen Erben seit mehreren Quartalen nicht abgenommenen Kobalterze den Gewerken abzunehmen und baar zu bezahlen. Dafür wurde ihm gleich den anderen Kontrahenten die Erlaubnis erteilt, sich in Sachsen eine Blaufarbenmühle erbauen zu dürfen. Auch Burkhardt musste sich nun wieder fügen und wohl oder übel seinen im Kontrakt eingegangenen Verpflichtungen nachkommen.[26]) Mit Friese aber war das letzte nicht sächsische Element aus dem Schneeberger Kobalthandel verschwunden, von nun an wurde der sächsische Kobalt sofort im Lande zu blauer Farbe verarbeitet. Freilich hatte damit die sächsische Farbfabrikation noch lange nicht die holländische an Feinheit der hergestellten Farben erreicht, vielmehr arbeiteten die holländischen Farbmühlen selbst am Ausgang des 17. Jahrhunderts die in Sachsen hergestellten Farben noch einmal um, und erzielten dadurch feinere und teurere neue Sorten.

Noch einmal schien jedoch 1647 nach Ablauf des 1641 geschlossenen Kobaltkontraktes alles bisher Erreichte in Frage gestellt. Wieder weigerte sich Burkhardt auf das Entschiedenste in einen neuen Kontrakt einzutreten, und auch die ihm kurfürstlicherseits gemachte Drohung, ihm im Weigerungsfall sein Blaufarbmühlenprivilegium zu nehmen, konnte ihn nicht davon abbringen. Schnorr und Öhme aber erklärten, dass sie ohne Burkhardt nicht im Stande wären, in einen neuen alle Gewerken umfassenden Kontrakt einzutreten und wollten nur mit einzelnen Gewerken Interimskontrakte abschliessen. Damit wiederum erklärten die Gewerken, sich nicht begnügen zu können, und baten nun um die Erlaubnis freier Kobaltverhandelung, da sich keine anderen Kontrahenten fänden. Der Kurfürst musste sich diesem Gesuch wenn auch widerwillig wirklich fügen und gestattete interimsweise am 29. Juli 1648 noch einmal die freie Verhandelung, jedoch mit Ausschluss Böhmens, nach dem jeder Kobalthandel verboten blieb, weil die böhmischen Farbmühlen wegen des nur geringen böhmischen Kobalts nur mit Hülfe des besseren sächsischen Kobalts im Stande waren, eine gute blaue Farbe zu

---

[26]) Rep. IXb Abt. C Loc. 41977 No. 177 fol. 5—6, Rep. IX Loc. 36058 No. 41, Rep. IX Loc. 36087 No. 990 fol. 85—86 und fol. 87—94, und Rep. IXb Abt. C No. 201 fol. 10—12.

liefern, mit der sie dann Sachsen selbst wieder Konkurrenz machten. Zugleich wurde aber den Gewerken der Rat erteilt, ihren Kobalt nicht zu verschleudern und gleichen Preis zu halten sowie sich möglichst nach neuen Kontrahenten umzusehen.[27] Solche liessen auch nicht allzulange auf sich warten, am 27. Februar 1649 kaufte der Schneeberger Kaufmann und bedeutende Kobaltgewerke Erasmus Schindler ein Grundstück bei Olbernhau an der Mulde in der Nähe von Zschorlau, um daselbst eine Blaufarbenmühle zu erbauen [28]). Sicherlich handelte er dabei im Einverständnis mit den Bergbehörden; schon am 4. Mai 1649 wurde ihm zum Bau die kurfürstliche Erlaubnis erteilt, ebenso wie Sebastian Öhme dieselbe noch einmal bestätigt wurde, denn dieser hatte bis dahin noch keine Farbmühle erbaut, wollte es jetzt aber in der Nähe von Annaberg thun. Beide Privilegierte sollen einen jährlichen Zins von 12 fl. entrichten und die gleichen Rechte auf Pottasche etc. haben wie Burkhardt und Schnorr. Am Schluss seiner Bestätigung fordert der Kurfürst dann noch, dass nun die vier Blaufarbmühlbesitzer auch wieder in einen festen Kobaltkontrakt eintreten sollen.[29]) Beide Farbmühlen wurden noch in demselben Jahre aufgebaut, und am 7. September 1650 erteilte der Kurfürst dem Erasmus Schindler für seine Farbmühle ein ausführliches Privileg [30]). Schon am 28. Juli 1649 kam dann auch ein neuer, alle Gewerken in Schneeberg und Neustädlein umfassender Kobaltkontrakt zu Stande, der auf 6 Jahre vom Quartal Crucis 1649 bis inklusive Trinitatis 1655 lautete [31]). Die Kontrahenten waren die 4 Besitzer der 4 sächsischen Farbmühlen, Hans Burkhardt, Sebastian Öhme, Rosina Schnorr, die Witwe des inzwischen gestorbenen Veit Hans Schnorr, und Erasmus Schindler. Die Zahl der jährlich abzunehmenden Centner Kobalt war die gleiche wie 1641, nämlich 2400. Der Preis der verschiedenen Güten war ebenfalls der alte geblieben, nur dass

---

[27]) Rep. IXb Abt. C Loc. 41977 No. 177 fol. 7—8, Rep. IXb Kap. IX Ab No. 4 Loc. 41814 fol. 63, Rep. IX Loc. 36196 No. 3146 fol. 212—214 und fol. 226—227.

[28]) Rep. IXb Abt. C No. 201 fol. 13—14.

[29]) Rep. IXb Abt. C No. 201 fol. 15—16.

[30]) Den Wortlaut dieses Privilegs siehe in der Beilage No. IV zu dieser Arbeit. Rep. IXb Abt. C No. 201 fol. 17—20, und Rep. IXb Kap. IX Ab No. 3 Loc. 41814 fol. 9—13.

[31]) Rep. IX Loc. 36058 No. 45 fol. 14—19, und Rep. IXb Kap. IX Ab No. 4 Loc. 41814 fol. 64—68.

man nun noch eine höhere Probe eingeführt hatte. Es wurde also bezahlt:

No. 1 pro Centner mit 4 Rthlr. 6 Groschen,
„ 2 „ „ „ 3 „ 18 „
„ 3 „ „ „ 2 „ 18 „
„ 4 „ „ „ 2 „ — „

In allen übrigen Punkten schloss sich der Kontrakt ebenfalls eng an den vorangegangenen an. Jeder der Kontrahenten nahm also 600 Centner jährlich an, doch kamen auf Burkhardts Anteil allein 400 Centner auf eigenen Gruben erbauter Kobalte, so dass er von den übrigen Gewerken nur noch 200 Centner anzunehmen brauchte, und zwar nur solche niedrigster Probe. Die Förderung fand jetzt auf allen Gruben in der letzten Woche jedes Quartals statt, das Bergamt hatte dieselbe anzuordnen. Gewerken wie Kontrahenten wurde der Handel mit Kobalt und Safflor nach Böhmen wieder aufs Strengste verboten. Sämmtliche im Kurfürstentum Sachsen hergestellte Pottasche war ausschliesslich an die 4 Farbmühlen zu gleichen Teilen zu überlassen. Ratificiert wurde dieser Kontrakt vom Kurfürsten am 11. September 1649[32]).

Damit war man nun wieder zu einem gesicherten und festen Zustand gekommen. An die Stelle oft wechselnder ausländischer Kontrahenten waren 4 sächsische Unternehmer getreten, deren jeder im Besitz einer eigenen Farbmühle war, dem deshalb an der Erhaltung und Fortsetzung des Kontrakts viel gelegen sein musste. Der einzige, der bisher sich immer ziemlich ablehnend verhalten, war Hans Burkhardt, weil er am ersten im Stande war, auch ohne einen Kontrakt nur mit eigen erbauten Kobalten sein Farbwerk versorgen zu können. Dank den energischen Bemühungen des Kurfürsten und seiner Bergbehörden hatte er sich jedoch schliesslich immer wieder fügen müssen, freilich waren ihm auch in dem neuen Kontrakt, wie wir oben gesehen haben, recht weitgehende Concessionen gemacht worden. Es war deshalb von grosser Bedeutung, dass im Jahre 1651 an Stelle Burkhardts der Kurprinz Johann Georg in den Besitz des Oberschlemaer Blaufarbenwerkes sowie der Burkhardtschen Kobaltgruben gelangte. Burkhardt hatte nämlich, da er ohne Nachkommen und nähere Verwandte war, in seinem Testament[33]) — als einzigen Grund

---

[32]) Rep. IX Loc. 36058 No. 45 fol. 20—22.
[33]) Burkhardts Testament sowie die übrigen deswegen gewechselten Schreiben und Protokolle siehe Rep. IX Loc. 36306 No. 4139.

für seine Bestimmung giebt er selbst im Testament an: damit Bergwerk und Farbhandlung erhalten bleibe — den Kurprinzen zum Erben seiner 4 Gruben Daniel, St. Wenzel, Sauschuch und St. Anna, sowie seines Pochwerks und seiner Farbmühle am 4. Februar 1651 eingesetzt. Das Testament wurde nach seinem Tode am 17. April 1651 eröffnet, und der Kurprinz nahm diese Erbschaft an. Damit wurde der Kurfürst noch unmittelbarer für diesen Zweig des sächsischen Bergbaus und Fabrikwesens interessiert, als bisher durch sein rein landesherrliches Verhältnis.

Zur gleichen Zeit waren auch wieder von einer ausländischen Kompagnie — leider wird sie uns nirgends näher bezeichnet — Gesuche an den Kurfürsten gerichtet worden, Konzessionen zur Errichtung weiterer Blaufarbmühlen an sie zu erteilen. Hiergegen wurden die bisherigen Kontrahenten am 4. April 1651 vorstellig und baten, den 4 bisherigen Farbmühlen vielmehr ein Privileg zu erteilen, dass innerhalb von 12 Jahren in Sachsen keine neue Farbmühle erbaut werden dürfe. Die Produktion würde durch weitere Konzessionierungen ins Übermass gesteigert werden, bis sich die einzelnen Werke dadurch gegenseitig ruiniert hätten, ein Beispiel dafür biete Platten in Böhmen, wo nach der Neueinrichtung mehrerer Mühlen alle bis auf eine wieder zu Grunde gegangen seien. Die in Sachsen hergestellte Pottasche reiche schon für den Bedarf der 4 bestehenden Farbwerke nicht im mindesten aus, sie müssten sich vielmehr schon $2/3$ davon aus Böhmen holen[34]). Das Oberbergamt befürwortete diese Bitte der Kontrahenten aus den von diesen angeführten Gründen und riet zur Erteilung eines Privilegiums auf 12 Jahre, unter der Bedingung, dass sich die Kontrahenten nach Ablauf des bestehenden Kontraktes wieder zur Schliessung eines neuen unter billigen Bedingungen herbeiliessen[35]). Sicherlich war es unter diesen Umständen für die übrigen Farbwerksbesitzer sehr günstig, dass der Kurfürst jetzt selbst über eins der bestehenden 4 Blaufarbwerke verfügte, und er also selbst von einer eventuellen Gefährdung dieser betroffen wurde. Dennoch zögerte der Kurfürst noch mit der Erteilung des gewünschten Privilegs und erst nach noch mehrmaligen diesbezüglichen Gesuchen der Kontrahenten und auf mehrmaliges Anraten des Oberbergamtes erteilte

---

[34]) Rep. IX Loc. 36058 No. 48 fol. 2 und 21, Rep. IX Loc. 36058 No. 48 fol. 4, 18 und 19.

[35]) Rep. IX Loc. 36058 No. 48 fol. 5 und 17.

er ihnen unter dem 30. April 1653 die gewünschte Versicherung, dass innerhalb von 12 Jahren seit Abschluss des Kobaltkontraktes; also seit 1649, in Sachsen keine neue Blaufarbmühle konzessioniert werden sollte.[36]) Und am 14. September 1653 erteilte ihnen der Kurfürst hierüber ein feierliches Privilegium[37]) mit der Abänderung, dass von dato an, also von 1653, nicht wie früher von 1649 an, innerhalb von 12 Jahren in Sachsen keine neue Farbmühle konzessioniert werden oder sonst jemand zur Kobalthandlung zugelassen werden solle. Dagegen sollten die bisherigen Kontrahenten verpflichtet sein, nicht nur den jetzt bestehenden Kontrakt strikt innezuhalten, sondern sich auch nach dessen Ablauf zum Abschluss eines neuen unter billigen Bedingungen bereit finden lassen, damit „dieses wohl verfasste Werk uff die Nachkommen gebracht und in seinem vigore erhalten bleibe."

Damit war eine bis auf die Jetztzeit in ihren Grundlagen dauernde Organisation der sächsischen Farbfabrikation und des Blaufarbhandels geschaffen und für längere Zeit sicher gestellt, die denn auch nach Ablauf der 12 Jahre nicht wieder erschüttert worden ist, trotzdem es auch später nicht an Versuchen fehlte, in Sachsen neue Farbmühlen zu errichten. Die 4 bestehenden waren inzwischen festgewurzelt und so sicher fundiert, dass jeder Anlauf, ihr Privilegium zu durchbrechen, scheitern musste.

---

[36]) Rep. IX Loc. 36058 No. 48 fol. 9 und 13.

[37]) Rep. IXb Abt. C No. 201 fol. 21—22, und Rep. IXb Kap. IX Ab No. 3 Loc. 41814 fol. 14—15. Den Wortlaut dieses Privilegs siehe in der Beilage No. V zu dieser Arbeit.

Kapitel IV.
Schluss.

Nachdem wir im vorigen Kapitel mit dem Privileg vom 14. September 1653 zu dem Schlussereignis dieser Darstellung gelangt sind, soll jetzt nur noch eine kurze Übersicht über die seit dem Jahre 1653 eingetretenen Veränderungen in den Verhältnissen der sächsischen Blaufarbenwerke gegeben werden.[1]

Noch in dem Jahre 1653 am 21. Oktober wurde zwischen den Annaberger Kobaltgewerken und den 3 Privatblaufarbenwerken wegen Abnahme des Annaberger Kobalts ein Kontrakt geschlossen, der sich in allem dem Schneeberger Kobaltkontrakt anschloss.[2] An dem 1659 am 21. November erneuerten Schneeberger Kobaltkontrakt beteiligten sich Schindler und Öhme mit einer jährlichen Abnahme von je 400 Centnern, Rosina Schnorr und das kurfürstliche Werk mit einer jährlichen Abnahme von je 600 Centnern, in die Abnahme der Annaberger Kobalte teilten sich wiederum nur die 3 Privatblaufarbenwerke, die vorhandenen Vorräte wurden von allen 4 Werken zu gleichen Teilen übernommen. Bei der Preisnormierung für die abzunehmenden Kobalte wurde eine höhere Probe als No. 1 eingeführt, es wurden nun bezahlt:

---

[1] Für dieses Kapitel ist nicht mehr das seit der zweiten Hälfte des 17. Jahrhunderts immer massenhafter anwachsende Aktenmaterial des Dresdener Hauptstaatsarchivs vollständig eingesehen worden, sondern nur noch die wichtiger erscheinenden Stücke bis in die erste Hälfte des 18. Jahrhunderts, für die später liegende Zeit ist gar kein Aktenmaterial, sondern nur noch die einschlägige Litteratur benutzt worden.

[2] Rep. IX Loc. 36058 No. 45 fol. 7—9.

— 54 —

No. 1 pro Centner mit 4 Thlr. 12 gl.
„ 2 „ „ „ 4 „ — „
„ 3 „ „ „ 3 „ 12 „
„ 4 „ „ „ 2 „ 18 „ [3]).

In den weiteren Kobaltkontrakten haben wir für die Kobaltpreise folgende Angaben:[4]) 1667, 1671, 1673, 1676 wie 1659.

1679 No. 1 pro Centner 4 Thl. 6 gl.
No. 2 „ „ 3 „ 18 „
No. 3 „ „ 3 „ 8 „
No. 4 „ „ 2 „ 15 „

1682 No. 1 pro Centner 4 Thl. 12 gl.
No. 2 „ „ 4 „ — „
No. 3 „ „ 3 „ 12 „
No. 4 „ „ 2 „ 18 „

1691 No. 1 pro Centner 4 Thl. 21 gl.
No. 2 „ „ 4 „ 9 „
No. 3 „ „ 3 „ 21 „
No. 4 „ „ 3 „ 3 „

1700 No. 1 pro Centner 5 Thl. 12 gl.
No. 2 „ „ 4 „ 21 „
No. 3 „ „ 4 „ 9 „
No. 4 „ „ 3 „ 6 „

1708 No. 1 pro Centner 6 Thl. 9 gl.
No. 2 „ „ 5 „ 15 „
No. 3 „ „ 4 „ 18 „
No. 4 „ „ 3 „ 3 „

1718 Für Schneeberger Kobalt:
No. 1 pro Centner 7 Thl. 18 gl.
No. 2 „ „ 6 „ 21 „
No. 3 „ „ 6 „ 12 „
No. 4 „ „ 6 „ — „
No. 5 „ „ 5 „ 15 „
No. 6 „ „ 3 „ 18 „

Für Annaberger Kobalt:
No. 1 pro Centner 4 Thl. 6 gl.
No. 2 „ „ 2 „ 21 „
No. 3 „ „ 2 „ 3 „

---
[3]) Rep. IX Loc. 36058 Lo. 62 fol. 4—8.
[4]) Rep. IX Loc. 36087 Lo. 940 fol. 78—79.

Bis zum Jahre 1718 habe ich die Kobaltkontrakte in den Akten verfolgt, es wurden solche abgeschlossen 1659, 1667, 1671, 1673, 1676, 1679, 1682, 1686, 1691. In den Jahren 1694—1700 bestand kein Kontrakt, doch kam 1700 wieder ein solcher zu Stande, weiter 1708, 1718 u. s. w. Abgeschlossen wurde bei diesen Kontrakten auf eine jährliche Lieferung:

1659 von 3940 Centnern
1667 „ 3900 „
1671 „ 2700 „
1673 „ 6295 „
1676 wird keine bestimmte Summe angegeben.
1679 von 4000 Centnern
1682 „ 5000 „
1688 fehlen die Angaben
1691 von 5500 Centnern.
1700 „ 6000 „
1708 „ 6300 „
1718 „ 8200 „

Über Preise der Farben erhalten wir aus den Kontrakten nur zweimal bestimmte Angaben: [5])

1659 No. 1 pro Centner 10 Thl. — gl.
No. 2 „ „ 5 „ — „
1676 No. 1 pro Centner 10 Thl. — gl.
No. 2 „ „ 7 „ — „
No. 3 „ „ 5 „ — „
No. 4 „ „ 4 „ — „

In dem Privilegium vom 14. September 1653 war, wie man sich erinnert, den bis dahin bestehenden sächsischen Blaufarbenwerken das Versprechen gegeben worden, dass in den folgenden 12 Jahren kein neues Blaufarbenwerk in Sachsen vom Kurfürsten sollte konzessioniert werden. Nach Ablauf dieser Frist hatte dann aber ein Glashüttenbesitzer in Jugel, Gabriel Löwel, die Erlaubnis vom Kurfürsten für sich erwirkt, in seiner Glashütte blaue Farbe herstellen zu dürfen, doch wurde ihm schon nach wenigen Monaten diese Erlaubnis wieder entzogen, weil man gegen ihn den Verdacht hegte, dass er auf seinem dicht an der böhmischen Grenze gelegenen Werke auch böhmischen Kobalt verarbeite. Dagegen war seit 1677 das kurfürstliche Werk zu Oberschlema

---

[5]) Siehe Anm. 4.

in ein doppeltes verwandelt worden, das sich von nun an bei der Kobaltabnahme mit $^2/_5$ Anteil beteiligte, während die 3 Privatblaufarbenwerke je $^1/_5$ erhielten.[6]) Seit 1692 wurde dann dieses Werk, nachdem schon seit 1686 die übrigen Blaufarbenwerksbesitzer die in Oberschlema bereiteten Farben nach einem geschlossenen Kontrakt abgenommen hatten, für längere Zeit an die 3 Privatblaufarbenwerke verpachtet.[7])

Die drei Privatblaufarbenwerke, die zunächst ganz selbstständig jedes für sich bestanden hatten, traten dann im Laufe der Jahre, in denen sie allmählich aus der Hand einzelner Besitzer durch weitere Erbteilungen und Verkauf einzelner Gewinn- und Geschäftsanteile in die Hände von Gewerkschaften übergegangen waren, unter einander in immer nähere Beziehungen, die ja durch die gemeinsam abgeschlossenen Kobaltabnahmekontrakte schon angebahnt waren.

Schon 1659 einigen sich die Farbwerksbesitzer über folgende Punkte:

1) Sämmtliche Kontrahenten verpflichten sich auf einen festen Preis für die Farbe, unter dem keiner Farbe abgeben darf. Die Ordinärfarbe kostet pro Centner 5 Thaler, und die feine, gute pro Centner 10 Thaler an Ort und Stelle, auf der Farbmühle. In Leipzig stellt sich der Preis pro Centner $^1/_2$ Thaler höher, und wächst dann mit der weiteren Entfernung nach den gehabten Unkosten.

2) Soll kein Kontrahent während der Dauer des Kontraktes wöchentlich mehr als 24 Centner Farbe verfertigen.

3) Hat jeder Kontrahent seine zu versendende Farbe und Fässer mit einem bestimmten eingebrannten Zeichen zu versehen, damit man inländische Farbe von ausländischer böhmischer Farbe unterscheiden kann.

Weiter einigte man sich dann in Betreff des Verkaufs der Farben zu einer Blaufarbenwerkskompagnie mit gemeinsamen Lagern in Schneeberg und Leipzig. Den Verkauf der Farbe übernahmen Leipziger Kaufleute auf ihr Risiko, wofür sie eine bestimmte Provision erhielten. Von den Farbenwerken selbst durfte nichts mehr verkauft werden, sondern diese hatten jährlich eine fest be-

---

[6]) Rep. IX Loc. 36087 No. 940 fol. 91 u. fol. 67—68. Gebauer a. a. O. pag. 444 giebt irrtümlicher Weise an, dass dies erst seit 1682 der Fall gewesen sei.

[7]) Rep. IX. Loc. 36087 No. 940 fol. 59—62, fol. 33—35, und Rep. IX b Abt. B No. 495.

stimmte Summe von Centnern fertiger Farben an die beiden Hauptlager in Schneeberg und Leipzig einzuliefern. Im Anfang des 18. Jahrhunderts besorgte diesen Farbhandel die Firma der Gebrüder Richter in Leipzig.[8] Im Anfang des 19. Jahrhunderts besorgten ihn die Gebrüder Hansen in Leipzig. Die Verteilung der gewonnenen Kobalte an die einzelnen Werke sowie die Festsetzung des von jedem Werk zu liefernden Farbquantums bestimmte ein sogenannter Kommunfaktor.[9]

1845 vereinigten sich die 3 sächsischen Privatblaufarbenwerke zu einem einzigen, und man konzentrirte sie sämmtlich in Niederpfannenstiel, das Zschoppenthaler Werk, — das alte Öhmische bei Annaberg, das 1687 nach Zschoppenthal verlegt worden war — liess man eingehen, und verwandelte das Schindlersche in eine Ultramarinfabrik.[10] Dies dem sächsischen Privatblaufarbenwerksverein gehörige Werk Niederpfannenstiel umfasst also 3 von den ursprünglichen Blaufarbenwerken, während das ebenfalls noch bestehende fiskalische Blaufarbenwerk zu Oberschlema als doppeltes weitergilt. Beide stehen unter einander in einem Societätsverbande, und bilden das sogenannte Blaufarbenwerkskonsortium, dieses hat sämmtliche Schneeberger Gruben sowie das Berg- und Hüttenwerk zu Modum im südlichen Norwegen erworben. Zwischen den beiden Werken besteht noch in Betreff der Kobaltverteilung und des Vertriebes der Kobaltwaaren das alte Verhältnis von $^2/_5$ und $^3/_5$. In allen das Kobaltgeschäft betreffenden Angelegenheiten handeln beide Werke gemeinschaftlich, so werden Erfahrungen unter einander ausgetauscht, und Versuche auf gemeinschaftliche Kosten unternommen. Den Vertrieb aller Kobaltprodukte besorgt das Hauptblaufarbenlager zu Leipzig mit einem Unterlager in Schneeberg.[11]

---

[8] Rep. IX Loc. 36087 No. 940 fol. 53, 54, 55, 56, 57, 57—58.
[9] D. C. G. Rössig: Die Produkten-, Fabrik-, Manufactur- und Handelskunde von Kursachsen. Leipzig 1803, Teil II pag. 388 ff, in von Römers: Staatsrecht und Statistik des Churfürstentums Sachsen, Bd. 4.
[10] Gebauer a. a. O. pag. 445, 447.
[11] Gebauer a. a. O. pag. 448.

Beilage No. 1.

Privilegium Kurfürst Augusts für den Kammersekretair Hans Jenitz und den Kammermeister Hans Harrer.
15. November 1575.

Von Gottes Gnaden Wir Augustus thun kund hiermit öffentlich und bekennen für Uns, Unsere nachkommende Erben und sonst männiglich, Nachdem Uns Unsere Cammer Sekretari Hannß Jenitz und Cammermeister Hannß Harer und lieben getreuen unterthänigst vorbracht, dass sie vor 14 Jahren hero vermerkt wahrgenommen und befunden, wie die Graupen, von dem geschmelzten Wissmuth Erzt, so man sonst Safflor Farbe nennt, und auf Unsern Erzgebürgen aufn Schneeberg und deßelben zugehörigen Refier gemacht worden von ausländischen Händlern durch ihre darzu bestellte Faktore aufgekauft und förder also nach ausserhalb Unserer Lande gegen Nürnberg und weiter gen Welschland nach Venedig und andern Orthe verschickt, daraus Lasur und andere Blaue Farben gemacht und hernach theurer verhandelt und verkaufet würden, Derowegen sie verursachet worden, den Dingen ferner nachzutrachten, ob und wie solche Kunst in unsern Churfürstenthumb und Landen angereicht, stattlich verlegt und getrieben, und also derselbe Nutz und Gewinn in unsern Landen und bey unsern Unterthanen eben sowohl als in Italia oder anderen Orthen bleiben und erhalten werden möchte, so wären sie endlich durch ihr emsig Nachforschen und Bemühunge und aufgewande Kosten dahinter kommen wie solche Farbe aus obberührten Wissmuth Graupen oder Safflor Farbe beständig zu machen und zu gradiren, auch mit guten Nutz zu vertreiben und zu vorhandeln sey, wären auch entschlossen das Werk Uns zu ehren, den Landen und ihnen zu Nutz anzurichten, sie müßten sich aber befahren, wenn solches von ihnen mit großer Mühe nnd Kosten ins Werk gerichtet, dass sich vielleicht andere Leuthe auch alsbald darauf legen, solche ihre gehabte Mühe und aufgewenden Unkosten ihnen zum Nachtheil und Schaden zu ihrem Vortheil und Besten gebrauchen würden. Damit sie aber des gesichert und befreyet und ihre Mühe, Verlags und Unkosten billige Erstattung erlangen möchten, haben sie uns unterthänigst ersucht und gebeten, ihnen nicht allein gnädigst zu vergönnen solch ihr vorhabend Lasur Werk anzurichten und zu treiben, sondern sich auch des obbemeldten Graupenkaufs ufn Schneeberg von dem Wissmuth oder Safflor Farbe uf Zehn Jahre für allen andern gnädigst zu befreyn.

Weil Wir denn nach eingenommenen genugsamen Bericht so viel befunden, dass solch Werk, wo es stattlich verlegt sonderlich der Berg Stadt Schneeberg nicht allein ohne Nachtheil, sondern vielmehr zu Nutz und Aufnehmen gereichen kann, solcher Kauf auch zuvor denen Ausländischen ohne alle Bedenken und Wegerung gestattet worden. So haben Wir ihnen solche Vergünstigung und Befreiung gnädigst bewilliget. Vergönnen, bewilligen und verschreiben ihnen auch solchen Kauff hiermit und in Krafft dieses Briefes, dergestalt und also, dass gedachte, unser Cammer Secretari und Cammermeister, ihren Erben und verordnete Befehlichhaber, solch Werk und Kunst, Lasur oder Blaufarben zu machen unverhindert männigliches, anrichten, und treiben auch den Kauff der Wissmuth Graupen oder Safflor Farbe ufn Schneeberge und in deßelbigen Berg-Refier von dato an Zehen Jahr lang die nechstfolgenden, alleine haben und selbigen nach ihrer Gelegenheit und Gefallen verarbeiten, verhandeln und damit gebahren mögen, doch dass die solche Graupen den Gewerken, so dieselbigen haben, in billigen Kauff, wie sie demselben etl. Jahr hero und noch biß uf dato, sonst den ausländ. und andern gestattet, bezahlen. Befehlen auch darauf unsern jetzigen und künftigen Berg-Räthen, Hauptmann der Erzgebürge und andern Berg Amt Leuthen und Befehlichhabern, Sie wollten ermeldte unsere Cammer Sekretari und Cammermeister bey solcher unser gnädigster Vergünstigung und Befreyung berührte Zehn Jahr lang biß an uns erhalten, schützen und keineswegs verstatten, daß sich sonst jemands andern neben ihnen solches Werk (es geschehe denn mit ihrem Nachlass und guten Willen) unterfahre, viel weniger berührte Wissmuth Graupen oder Safflor Farbe auskaufe und aus unsern Landen verführen, bey Vermeidung Unserer ernsten Straffe und Ungnade.

Hieran geschicht unsere gefällige und ganz zuverlässige Meynung. Zu Uhrkund und mit unsern Secret besiegelt und eigenen Händen unterschrieben. Geschehen und geben zur Neustadt an der Orla, den 15. November ao. 1575.

Beilage No. II.

Kobaltkontrakt mit Daniel de Briers zu Frankfurt a. Main und Hans Friese zu Hamburg. Neujahrsmarkt 1627.

Von Gottes Gnaden, wir Johans Georg Herzog zu Sachsen etc., Churfürst, für uns, unsere Erben und Nachkommen hiermit thun kundt undt bekennen, das wir durch die Veste undt unsere liebe getreue verordnete Cammer- und Bergräthe auch Oberhauptmann der Ertzgebierge etc. undt Renthmeistern, mit den Erbarn unserm lieben besondern Danielln de Briers zu Frankfurt am Meyen, und Hannsen Fresen zu Hamburgk, bedenn Handelßleuthen einen Contract umb 3000 Kübell undt ein mehrers oder wenigers nicht, Mieneralischen Metall des Kobelts der da aus dem Seegen des Allmechtigen uff unsern Bergkstedten Schneeberg undt Neustädtell etc. brechen thut, auf Sechs Jahr von itzigen Leiptzigischen Neuen Jahres-Marcktt antzurechnen, wissentlich vergleichen laßen, thun es auch crafft dieses dergestaldt undt also, das von solchen Kobolten allen undt jeden (souiell ihrer derer örter gewonnen) vier unterschiedliche Proben oder Sorten gemacht, darunter die allerbesten mit No. 1 gezeichnet, undt der Kübell derselben mit 3 Rthl. die nechste an der güte nach solcher erster gattung mit No. 2 signiret undt ein Kübell derer mit 2½ Rthl. die nach derselben folgende mit No. 3 gemerket undt der Kübell solcher für 1½ Rthl. betzahlt, undt dann die leczten undt allergeringsten mit No. 4 getzeichnet aber ganz nichts güldig oder werth seien,

Solche Sorten oder Proben zum Schneeberg an einem wohl verwarten ort beygesetzt undt uff behalten werden, undt nach denen selben allerseits die Taxatores ihn annehmen und würderung der Kobalte sich alletzeit bey straff 100 R. fl. richten undt achtenn, Sodann dieselbe Kobalte allesambtt undt sonders was darunter tüchtig undt taxiret ist, gedachten Daniell de Briers undt Hansen Fresen geliefert werden sollenn, Solche ihres gefallens undt willens zu gebrauchenn, undt Safflor daraus zu machen, von dannen in undt außerhalb unserer Lande niedertzulegen undt zu vorhandeln, Jedoch das sie vornemlich unsere Handleßstedte im Lande mit diesen wahren ohne übermeßigen gesuch undt genies nach notdurft versehen, für welche den Contrahenten gelieferte Summa Kobalte der 3000 Kübell sie die Contrahenten den Gewerken iedesmahll die betzahllung bahr undt ohne einigenn uffzugk oder abgang entrichtenn, aber ein mehrers nicht antzunehmen schuldig sein sollenn, Sie auch die Kobalte, so unß von den Gewerken an unserm Stollen Neunden undt Zwantzigsten gereichet oder wir uff unseren Zechen werden gewinnen laßen, auch annehmen, und unnß jedern Kübell derselben mit 3 fl. betzahlen sollenn. Do auch diese Contrahenten die Kobolte undt daraus verfertigte Safflorfarbe wegen anderer ihrer Händell nicht alltzeit abfordernn möchtenn Inmaßen sie diese Jahr über allen Safflor uff den Schneebergk liegen zu laßen undt nicht abbtzuführen versprochen, So seindt wir damit gnedigst zufriedenn, damit solche Handlung wieder in reputation undt aufnehmen gebracht werdenn, Ingleichenn wir dann solche Safflorfarbe diese 6 Jahr über sonsten niemandts damit zu handelln, zuwendtenn zukommenn undt verkauffenn, sondernn die Contrahenten sonsten bey den genies dieser wahren gnedigst vorbleibenn laßenn wollenn, zu welchem ende wier dann auch bey berurten unsern Bergkstedten vorbot und anschaffung gethann, das bey wehrenden diesem Contrakt sich niemandt in unsern Landen ohne dieser Contrahenten vorwißenn undt willenn einiger Handtlung der Safflorfarben underwindenn, viellweniger aber mit den Kobelten oder Safflor Partitenn und verschleiff treiben sollenn, bey nahmhafftiger hoher Poen, undt unserer ernsten strafe, doch sollen sie undt ihre Mitverwandte hienwieder pflichtig seien, dieselbe auf alle fälle, sie möchtenn innerhalb 6 Jahr in- oder außer Landes durch Krieg oder andern einfallende ursachenn abgehen oder stecken bleibenn, undt also in ein steigen, fallen oder stecken gerathen, oder nicht, 3000 Kübell, und der ersten dreyen obgedachter Artenn oder Sortenn einer genies seindt, antzunehmen, abtzuführen undt zu behalten, do aber über verhoffenn ein mehrers gewonnen, solche Kobolte alletzeit beygestürtzet undt uf das andere Jahr den Contrahenten geliefert werdenn, undt uf solchen fall, do sie es Kriegs wegen nicht abführen köndtenn der Zahlung halber, nicht gefehret werdenn, undt in keinem weg uff unsern Bergstedten anderst den volgendergestalt liegen zu laßenn. Gegen dieser unserer gnedigsten bewilligung sollen undt wollen viell gedachte bede handelsleuthe unnß in unsere Renth Cammer solche vergleichene Zeit über Jährlichen ein Tausendt Reichsthaler uff zweene Termine also halb den Leipziger Ostermarkt undt die andere Helffte den Michaelismarckt, mit den ersten 500 Rthl. antzufahrenn, auch iedes Jahrs aus unnserm Pochwerk zum Schneeberg undt das wir Ihnen daßelbe zu verfertigung des Safflors vergönnenn 50 fl. Zinns oder Mitgeldt uff itztermelter beder friesten eine gleichergestaldt die helffte abstatten und entrichtenn, wie auch die zahlung uns vor ieden Kubell Kobelte 3 fl. so uff unsern gebeuden gewonnenn oder unnss zum 9. undt 20. gelieffert werden, alletzeit nach gethaner liefferung richtigk thunn. Darauff wir die anordnung gethan, das sie die Contrahenten in dieser Handlung mit den Kobold und farben nicht gestehret sondern viellmehr gesichert undt ihren dienern fleissige uffsicht verstattet sein soll, wofern auch der Contrahenten ihren Erben oder Mittverwandten gelegenheit nicht sein wollte sich bey unnß umb fernere Handlung nach endung des itzigen Contrakts zu bewerben, wie es dann in eines undt des andern willkuhr stehen soll, so sollen sie uns solches ein halb Jahr zuvorn unterthe. zu erkennen gebenn, auf das wir unsere gelegenheit in andere wege zu bedencken haben mögen, da sie aber nach verflissung solcher 6 Jahr bey dieser Handlung vorbleiben wollenn, soll es Ihnen vor andern gegönnet werdenn. Treulich undt sonder gefehrdte zu Uhrkundt haben wir Unnß zu ende dieses Contrakts mit eigenen Händen unterschriebenn, auch unser Cammer Sekret hierauff drucken laßen, Geschehenn im Leipzigischen neuen Jahresmarcktt, Nach Christi, im 1627 Jahre.

Beilage No. III.

Hauptkobaltkontrakt vom 5. September 1641.

Im Namen der heiligen und hochgelobten Dreyfaltigkeit Sey kund und zwißen hiermit jedermänniglich, dass auf des Durchlauchtigsten Churfürsten zu Sachsen, und Burggrafen zu Magdeburg etc. unseres gndsten Churfürsten und Herrns gndst. Anordnung und vermittelst Dero verordneten Commission als Herr Georg Friedrich von Schönberg uf Mittelfrohna und Leinbach, Dero Berg- und Amtshauptmanns zu Freyberg etc., H. Veit Dietrich Wagners Hauptmanns, und H. Christoph Halboths Amtsschössers zu Schwarzenberg, sowohl H. Wolffgang Siegels, Bergamts Verwalters, Wolffgang Hölzels und Andreas Börners, jetzigen Zehendners und Bergmeisters zum Schneeberg und im Neustädlein durch Gottes Seegen künftiger Zeit erbaueten Kobold- und Safflor-Farben, Wissmuth Graupen, Schlich, Grauplein halber zwischen den bauenden Gewerken samt und sonders an einem, Dann Hannß Burckhardten Stadtrichter ufn Schneeberg, Hannsen Friesen vornehmen Handelsmann in Hamburg, Hannß Veit Schnorrn Bürgern in Schneeberg, jedoch einem jeden absonderlich vor sich, ihren Erben und Erbnehmern, nicht aber in Gesellschaft am anderen Theil uf Sechs Jahr benantlich von Quartal Reminiscere des 1642 Jahrs bis mit Schluss Luciae des, gönnets Gott folgenden 1647 Jahres geschlossen und abgehandelt worden, namlichen:

Es sollen und wollen jetzt benandte Contrahenten von allen und jeden ufn Schneeberg und in dem Neustädtlein bauenden Gewerken, Sie mögen ihre Kobolte frey oder anders versprochen haben, miteingeschlossen unsers gnädgsten Herrns Neundten und Zehendens auch anderer Contrahenten eigene Kobolde, Wissmuth, Graupen, Schlich und Grauplein, zusammen Zwey Tausend Vier Hundert Centner jährlich abnehmen und bey der Lieferung alhier an Stelle nach denen verglichenen in dem Bergamt beygelegten und erkandten Schiedproben, wie hernach folget die Zahlung zu thun und an guter ganger und geber Münz Meissnischer Werung den Rthl. zu 24 gl. zu leisten schuldig seyn. Als benantlichen diejenigen Kobolde, wie auch Schlich und Grauplein, welche die erste und höchste Prob mit No. 1 erreichen werden, jeden Centner pro 3 Rthl. 18 gl. die nächste darauf mit No. 2 signiert pro 2 Rthl. 18 gl. und dann die dritte und geringste mit No. 3 pro 2 Rthl. da aber die gelieferten Kobolde einer oder andre Zeche eine höhere oder geringere Prob geben und diese drey Sorten übertreffen und nicht erreichen würde, sollen und wollen die Contrahenten dieselbe den Werth auch endlichen, in Entstehung gütlicher Vergleichung der Bergbeamten Erkenntniss und Entscheidung nach unweigerlich bezahlen, auch da einer oder der andre Theil damit nicht friedlich seyn wollte, sondern mit Zuziehung zweyer unverdächtiger Personen, die des Probierens kundig und wohl erfahren, ein Ausschlag zu geben begehret werden solte, So soll auf solchen Fall es zwar also geschehen, aber das theil, so sich nicht weisen lassen will, und unrecht befunden wird, verfallen seyn.

Zum Andern soviel die 2400 Centner anlanget, will jeder der Contrahenten Acht Hundert Centner annehmen, in deren Abschlag soll Hannß Friesen diejenigen Kobolde, so von Gewerken uf der Gesellschafter Zugk und Moren Fundgrube und Zugehörung erbauet, vor sich, Hanns Burckhardt aber und Hannß Veit Schnorr, was sie auf ihren jetzigen habenden Zechen selbst erbauen, uf ihren Antheil behalten und was jeden Erfüllung der bemeldten 800 Centner noch mangeln wird, das soll zu Erfüllung der Summa von unsers gndsten Herrn 9. und Zehendten und hernach denen übrigen Gewerken ein Drittheil, von 1. 2. und 3. Schiedproben gleich durch gering und hoch genommen werden. Zum Dritten, so soll auch die Förderung uf jeder Zechen alle Quartal zum wenigsten einmal geschehen und ein zwey oder drey Tag zuvor in Zehend- und Berg-Amt, wie auch denen Contrahenten angesagt, und also bald uf Zechen die Kobolde, nachdem sie der Arbeiter halber Kübel weiss gemessen und der Zehende und Fünfte Kübel, nach dem die Post gross oder klein davon zur Probe beygestürzt, also balden gewogen und von der Übermas jedem Contrahenten sein $^{1}/_{3}$tel zugewogen, das Zehend aber alsobalden durch die Arbeiter uf der Zechen in die Pochwerk verschaffet, in Beyseyn der Bergbeamten, Gewerken und Händler oder ihren Bestellten zu Safflor gepocht, die Proben davon genommen, eine dem Bergamt, die anderen denen Contrahenten und Gewerken zugestellt werden, solche ihres Gefallens probieren zu laßen. Die in dem Berg Amt aber soll der geschworene Probierer oder Guardein verfertigen und die Gebühr davon beide Theile zu entrichten schuldig seyn, welche Proben ingesamt uf den nechstfolgenden Amts Tag in die Berg Amts Stuben gebracht, gegen die Schiedproben gehalten und demselben gemäß die gänzlich baare Zahlung von den Contrahenten geleistet werden soll. Zum Vierdten und sollen auch die vorbemelte Gewerken bey Zeit solches geschlossenen und währenden Contracts bey Vermeidung ernstes Einsehens und ansehnlichen Geld- und andern Strafen von Kobold oder Safflor Farben, Wißmuth Graupen Schlich und Gräuplein etwas, es sei wenig oder viel zum erkaufen zu vertauschen oder in andere Wege zu verwenden nicht befugt, hingegen alle und jede Kobalt samt Wissmuth Graupen, Schlich und Gräuplein diesen Contrakt nach einzuliefern verbunden seyn, in maßen, denn die Contrahenten zu dem Ende und Verhütung aller Mittel den Unterschleiff zu vermänteln der Vorräthe halber, so annoch bey den bauenden Gewerken vorhanden seyn möchten und uf 600 Centner angegeben werden, sich untereinander verglichen und gegen die Gewerken erkläret, weil Hannß Burckhardt vor sich einen starken Vorrath hat und behalten thut, daß die andern beyden Contrahenten wenn das erste und andere Jahr die erhandelte Summa der 2400 Centner nicht erbauet werden sollte, uf solchen fall, soviel als davon abgehen möchte, von denen benannten alten Vorräthen vorhergedachten Schiedproben nach zu bezahlen annehmen, sonsten aber da die Vorräthe in dem ersten und andern Jahr nicht ganz abgenommen werden, jedes Jahr hundert Centner über ihren Antheil an 3 gehandelten Post zu bezahlen sonst aber und nach abgenommenen alten Vorrath ein Jahr dem anderen zugerechnet, und was in einem Jahr zu wenig oder zu viel geliefert und mehr bemelten verkontrahirten Summen ab oder zu gut gehen sollen. Zum Fünften, demnach auch wie Eingangs gemeldet, die drey Contrahenten jeder vor sich contrahieret und keiner vor dem anderen der Zahlung wegen oder sonsten hafften, sondern ein jeder seine ratam jedesmahl bezahlen, auch da einer oder der andere mit Tod abgehen solte, deßselben Erben diesen Contract zu continuiren schuldig seyn sollen und wollen, So hat es darbey mit Einwilligung der Gewerken auch wegen Ihrer Churfürstl. Durchl. Neundten und Zehenden allerdings sein Verbleiben.

Zum Sechsten wie denn nichts wenigers denn Hans Friesen seinen Antheil der Kobolde ausser dem Lande zu führen, Hanns

Burkhardten aber von Ihrer Chur Fürstl. Durchl. eine Farbmühle in Dero Chur Fürstenthumb und Landen zu erbauen, und Hans Veit Schnorrn uf seine Farbmühlen in dem herrl. Schönburgischen Gebiete seinem Antheil diese Zeit über vor gut zu machen und gleicher Befreyung zu genießen, auch in diesen Landen anstatt und gegen Abgang der jetzigen Farbmühlen eine andere mit Ihrer Churfürstl. Durchl. gndste. Consens anzurichten nachgelassen, darneben aber, diesen beyden nichts desto wenger ihre Kobolde und Safflor Farbe in- und ausserhalb Landes ebenmässig zu verhandeln und zu verführen frey stehen und ganz unverboten seyn solle.

Zum Siebenten haben beide theil als die bauenden Gewerken durch dero Ausschuss und benandte drey Contrahenten mit Hand und Mund angelobet alle diejenigen, so hierinnen abgehandelt und versprochen treulich und aufrichtig ohne Missdeutung nachzukommen und unverbrüchlich zu halten auch uf allen fall Ihrer Chur Fürstl. Durchl. und dero Ober und unter Bergamtsweisung sich zu submittieren. Hierüber haben auch die Contrahenten bevorab den Contract, diese Zeit über unausgesezt zu continuiren allerseits mit ihren Vermögen in- und ausserhalb Landes krafft dieses in besserer Form Rechtens caviert. Wie denn Hanns Friese auch, weil er nicht allezeit in loco, eine gewisse Person, so jedesmahl die Kobold und andere Sachen vorherab gehandeltermassen abnehmen und bezahlen soll, mit gnugsamer instruction und Mitteln zu verordnen sich erbothen, treulich und ohne gefehrde Deßen zur Uhrkund ist dieser Kontrakt zu Pappier gebracht von bemelten Ausschuss und Contrahenten unterschrieben und besiegelt von wohlermeldten Herren Commissarien aber Ihrer Chur Fürstl. Durchl. zur ratification zu hinterbringen angenommen worden. Geschehen zum Schneeberg den 5. Septembris Anno 1641.

Beilage No. IV.

Privilegium für die Schindlersche Blaufarbenmühle.
Vom 7. September 1650.

Von Gottes Gnaden Wir Johann Georg, Herzog zu Sachsen, Jülich, Cleve und Berg, Churfürst etc.

Vor Uns, Unsere Erben und Nachkommen thun hiermit kund und bekennen.

Dass Uns Erasmus Schindler, Bürger und Handelsmann und starker Gewerk aufm Schneeberg auch mit Contrahent bei dem geschlossenen Kobolt Contract daselbst unterthänig zu vernehmen gegeben, wie dass auf Unsere sub dato Dreßden den 4. May Ao. 1649 gndste Bewilligung er eine blaue Farbmühle auf den hierzu erkauften Platz von dem Guth Alberhau an der Mulda hinter der Zschorlau gelegen, erbauet und ganghaft gemacht und derohalben unterthst. gebeten, ihnn solchen Ort gleichfalls wie den andern Contrahenten mit bedürfenden, und bey dergleichen Werk, so zum Bergwerk gehörig, üblicher Freiheit zu begnaden, weil er nicht allein durch Erkaufung solcher Farbmühle und Zugehörungen, Nothwendigkeiten, sondern auch künftig mit schürfen, röschen und seuffen dieses Orts bequem nach, sich einzulegen, und Unsern Bergbau der Möglichkeit nach zu befördern und zu vermehren gedächte, maassen er den albereit 500 Lachter Seuffen Gebürge aufgenommen, gemuthet und bestätiget hätte. Wann wir dann solche seine gute Intention und Vorhaben zu Unserer und Unser Lande Nutz und Frommen gereichend befinden.

Als thun Wir hierauf und kraft dieses, solchen seinen Suchen, und ihm, seinen Erben und Nachkommen, Innhabern und Besitzern jetzt ermeldten seiner neuen Farbmühlen sammt zugehörigen Pochwergen, und andern nothwendigen Gebäuden auf obbemelten erkauften Platz an der Mulda hinter der Zschorlau gelegen, nachfolgende Begnadigungen, Privilegia und Freiheiten ohne mannigliches Hinderung sich jederzeit zu erfreuen, zu geniessen, zu gebrauchen, gnädigst zu ertheilen.

1) Nämlichen, vor erste soll sich niemand unterstehen, ihme, seine Erben oder künftige Besitzern, an solchen seinen Blaufarbmühlen, Berg und Seuffenwerken so er in dieser seiner erkauften

Refier ordentlich gemuthet, aufgenommen und bestätiget hat, und noch künftig aufnehmen wird, uf einigerl. Weise und Wege, wie das Nahmen haben möge, es sey inne oder ausserhalb des Gebirges, an Wasser Läuften Gräben, zu Pochwerken und Künsten und Zeugen gehörig oder anderen Gebäuden zu belästigen, nachtheilig oder hinderlich zu seyn.

2) Das zu solcher Farbmühle bedürfende Holz belangend, dafern mit dem Rath und Gemein zum Schneeberg sich deswegen nicht allerdings zu vergleichen, so wolle er mit Zuziehung Unser Bergamt daselbst, mit dem Rathe handeln und wofern er von dem Rathe nicht genugsam dessen habhaft werden könnte, soll ihm solches von Unserm Forstbeamten, wo es am bequemsten und Unserer Wildbahne ohne Schaden und Nachtheil geschehen kann, angewiesen werden und weil er durch kein ander Mittel solch Holz kann vor seine Mühle bringen, als durch flössen, so soll ihme der Rath zum Schneeberg, wenn sie nicht mit ihrem Holz auf dem Wasser liegen, welche billig den Vorzug behalten, frey und ungehindert vor seine Mühle flössen und auswerfen laßen.

3) Wann durch Gottes Segen mehrberührte Berg- und Seuffenwerk ins Aufnehmen kommen, sich mit vielen Erz-Zwitter und Zinstein erweisen, dass eine Anzahl Bergleute gefördert werden müssen, soll dem Besitzer und Gewerken freystehen und erlaubet seyn, zu dero Nothdurft und besserer Aufhaltung ein oder mehr Zechenhäuser und Wohnhäuser zu erbauen, wie auch sonderlich einer Bergschmieden, damit man zu rechter Zeit die Bergeisen und Gezähe auch was man zur Mühl vor Eisen bedürftig, alle Wege stracks an der Hand haben könne, und sich nicht erst mit Versäumniss bey weitern entlegenen Schmieden sich dessen erholen dürfte.

4) Weil auch der Ort etwas von Städten und Dörfern entlegen, so soll ihme und künftigen Besitzern, das Bier schenken, schlachten und backen (ausser brauen) in Hutt und Wohnhäußern unterthänigst gesuchter maassen nachgelassen, auch dass er sein Bier, so er zum Schneeberg selbsten brauet oder sonsten erkaufet, dahin führen und ausschenken mag, gnädigst erlaubet seyn.

5) Die Gerichte dis Orts anreichende, so wollen Wir hiermit gnädigst verstatten, dass oft ermeldter Schindler, dessen Erben und Nachkommen diejenigen Verbrechungen in Bergwerks Sachen brüchig werden, mit dem Halseisen oder Gefängniss auf 2 oder 3 Tage, nach Gelegenheit des Verbrechens zu strafen

Macht haben solle, die übrigen wichtigen Sachen und grössere Fälle aber, so höhere Strafe mit sich bringen, sollen Unserm Bergamt zum Schneeberg darunter diese Werke gehörig, zu richten und zu strafen verbleiben.

6) Jedoch dass hingegen, oberwehnter Erasmus Schindler und seine mitbeschriebenn zum jährlichen Zinnß in Unsern Zehnden zum Schneeberg Zwölff Gulden an guter Münze und Meissnischer Wehrung zu dem Ende baar abvergnügen, auch von Berg und Seuffenwerken Unsern Zehend Gebührnisse jederzeit entrichten, gestallt denn von der Zeit, sobald als die Blaufarb Mühle aufgebauet und gangbar worden auf den nächstfolgenden Oster- oder Michael Termin hiermit der Anfang gemachet und jährlich also continuiert werden soll.

Befehlen und gebieten Wir hierauf Unsern Berg Haupt Leuthen und andern Ober Berg- und andern Beamten, Verwaltern, Schößern, Zehndnern, Befehligshabern auch denen von der Ritterschaft, sie seynd gleich Canzley oder Amtseßig, Bürgermeister und Rath in Städten, Richtern und Schuldheißen, sonderlich aber so auf Unsern Bergstädten, und den Erzgebürgen wohnen, und sonsten allen Unterthanen, dass sie mehrbesagten Schindler, sowohl seine Erben und Nachkommen bey diesem Unserm ihme ertheilten Privilegio solches alles in denen vorgesetzten Puncten klährlich zu vernehmen, bis an Uns gebührend handhaben, schüzen und von Niemand zur Ungebühr beschweren lassen sollen.

Zu Urkund haben wir Uns mit eigenen Händen unterschrieben und Unser Secret vordrucken laßen.

So geschehen in Freyberg den 7. Septembris 1650.

Johann George Churfürst.

Beilage No. V.

Privilegium Kurfürst Johann Georgs für die 4 Blaufarbmühlen der sächsischen Kobaltkontrahenten.
Vom 14. September 1653.

Von Gottes Gnaden, Wir Johann Georg, Herzog zu Sachsen Jülich, Cleve und Berg, des heil. Römischen Reichs Erzmarschall und Churfürst, Landgraf in Thüringen, Marggraf zu Meißen, auch Ober- und Niederlausiz, Burggraf zu Magdeburg. Graf zu der Mark, und Ravensbergk, Herr zum Ravenstein etc.
Vor Unss, Unsere Erben und Nachkommen thun Kund und bekennen.

Nachdem Unnß die gesambte Contrahenten bey dem Schneebergischen Kobold Contract umb ertheilung eines privilegii über jezige erbauete vier Blaufarbenmühlen unterthänigst angelanget, auch Unsere verordnete Ober Berg Beamte hierinnen ihr gehorsambstes Bedenken unterthänigst eingeschicket, Alß haben Wir in gnädigster Ansehung angeführter motiven, Insonderheit aber, das es zu Beförderung des Obergebürgischen Bergkbaues, behauptung des geschlossenen Contrakts und erhaltung der Farbhandlung gereichet diesen ihren Suchen gnädigst statt gegeben, thun auch solches hiermit und in Kraft dieses Briefes Also und dergestalt dass hinführo und von dato binnen Zwölf Jahren niemands einige Blaufarbmühle über jetzige albereit erbauete Viere, alß die Burckhardische, Öhmische, Schnorrische und Schindlerische, in Unsern Landen ferner zu bauen oder sich der Koboldthandlung zu unterfangen nachgelaßen seyn solle.

Hingegen aber sollen oberwehnte Contrahenten nicht allein jetzigen Contract in allen punckten und Clausulen gebührend nachleben, sondern auch nach dessen Endigung hinwieder auf solche oder andere billige maaße uffs neue schliessen, und allerseits dahin sehen, wie dieses Wohl verfasste Werk uff die Nachkommen zu bringen und in seinem vigore zu erhalten, Befehlen hierauf, gnädigst, Unsern jezigen und Künfftigen Ober- und andern Bergbeamten, Schößern und Räthen in und bey denen Bergkstädten Unsers Churfürstenthums und Lande über diesem Unserm Privilegio steiff und fest jederzeit zu halten und darwieder nichts vorzunehmen zu verstatten.

Zu Uhrkund haben wir dieses mit eigener Hand unterzeichnet und unser Secret hieruff drücken lassen.
So geschehen zu Freiberg den 14. Septembris ao 1653.

Johann George Churfürst.

Beilage No. VI.

Verzeichnis der für die Arbeit benutzten Aktenstücke.

Aus dem Haupt-Staats-Archiv zu Dresden, Geheimes Finanz-Archiv.

Rep. IX.			Loc. 36118	No. 1683.
Loc. 36051	No. 2538.		„ 36131	„ 1907.
„ 36057	„ 19.		„ 36136	„ 2137.
„ 36057	„ 30.		„ 36145	„ 2466.
„ 36058	„ 41,		„ 36149	„ 2524.
„ 36058	„ 42.		„ 36152	„ 2568.
„ 36058	„ 45.		„ 36196	„ 3146.
„ 36058	„ 46.		„ 36196	„ 3150.
„ 36058	„ 48.		„ 36197	„ 3153.
„ 36058	„ 57.		„ 36197	„ 3154.
„ 36058	„ 60.		„ 36197	„ 3155.
„ 36058	„ 62.		„ 36197	„ 3156.
„ 36058	„ 70.		„ 36198	„ 3159.
„ 36058	„ 74.		„ 36278	„ 3813.
„ 36059	„ 125.		„ 36301	„ 4021a.
„ 36060	„ 147.		„ 36306	„ 4139.
„ 36060	„ 150.		„ 36316 | 36317	„ 4293a, b.
„ 36075	„ 588.			
„ 36087	„ 940.		„ 36322	„ 4338a.
„ 36087	„ 941.		Rep. IX b.	
„ 36087	„ 990.			
„ 36087	„ 999.		Abt. B. VI.	No. 492.
„ 36088	„ 1006.		„ B. VI.	„ 493.
„ 36088	„ 1013.		„ B. VI.	„ 495.
„ 36093	„ 1219.		„ B. VI.	„ 510.

Abt. C. No. 12 vol. I. Kap. IX. A^b No. 3 Loc. 41814.
„ C. „ 12 „ II. „ IX. A^b „ 4 „ 41814.
„ C. „ 177. „ IX. A^b „ 6 „ 41814.
„ C. „ 186. Loc. 12622 Cop. 376 c. I.
„ C. „ 201. „ 12622 „ 376 e. II.

Beilage No. VII.

Verzeichnis der benutzten Litteratur.

Albinus: Meissnische Land- und Bergchronik. 1590.
Archiv für sächsische Geschichte (eine Reihe von Arbeiten aus den Bänden I und III.) Neues Archiv für sächs. Gesch. u. Altertumskunde III. V. XV.
Bergmännisches Journal: 1791. 4. Jahrgang Bd. II ed. Köhler.
Das neue Buch der Erfindungen, Gewerbe und Industrien. Bd. III. Leipzig und Berlin. 1864.
Joh. Georg Canzler: Tableau historique. 1786.
Codex Augusteus.
Codex diplomaticus Saxoniae regiae. 2. Hauptteil Bd. XIII Urkundenbuch der Stadt Freiberg II.
Dresdner Geschichtsblätter. 1893.
Ehrenberg: Das Zeitalter der Fugger. Bd. I. 1896.
Erzgebirgische Blätter. I. Teil. Schneeberg 1795.
Der Erzgebürgische Zuschauer. ed. Mag. Gotth. Friedr. Oesfeld. Teil II. Halle 1774.
Falke: Kurfürst August von Sachsen. Leipzig 1868.
Gangstudien oder Beiträge zur Kenntnis der Erzgänge. Bd. III. Freiberg 1860 ed. B. von Cotta und Herrm. Müller.
Heinrich Gebauer: Die Volkswirtschaft im Königreiche Sachsen. 2 Bände. Dresden 1893.
M. Gerber: Die sächsischen Privatblaufarbenwerke in der Vergangenheit und Gegenwart. Dresden 1864.
Handwörterbuch der Staatswissenschaften. Bd. II und IV.

C. W. Hering: Geschichte des sächsischen Hochlandes, besonders Amt Lauterstein. Leipzig 1828.

Jahrbuch für Gesetzgebung, Verwaltung und Volkswirtschaft. ed. G. Schmoller. N. F. Bd. VIII, X, XI, XIV, XV, XVI, XVII.

Journal für Fabrik, Manufaktur, Handlung und Mode 1797.

Kappf: Beiträge zur Geschichte des Kobalts, Kobaltbergbaus und der Blaufarbenwerke. Breslau 1792.

Mag. Georg Körner: Alte und neue Nachrichten von dem Bergflecken Bockau. Schneeberg 1763.

Christian Lehmann: Historischer Schauplatz der natürl. Merkwürdigkeiten in dem meissnischen Obererzgebirge. 1699.

Lamprecht: Deutsche Geschichte Bd. V, 1 und 2.

Christoph Melzer: „Bergkläufftige Beschreibung der Churfl. Sächss. freyen und im Meißnischen Ober-Ertz-Gebürge löbl. Bergkstadt Schneebergk ...." Schneeberg 1684.

Gotthelf Friedrich Oesfeld: Historische Beschreibung einiger merkwürdiger Städte im Erzgebirge. 1776. Bd. II.

Oettel: Chronik von Eibenstock.

von Römer: Staatsrecht und Statistik des Churfürstentums Sachsen. Teil II. Halle 1788.

D. C. G. Rössig: Die Produkten-Fabrik-Manufaktur und Handelskunde von Chursachsen. Leipzig 1803. in D. Carl Heinrich von Römers Staatsrecht und Statistik des Churfürstentums Sachsen. Bd. IV.

Sammlung vermischter Nachrichten zur sächsischen Geschichte. Bd. IV. 1764—1774.

Gustav Schmoller: Studien über die wirtschaftliche Politik Friedrichs des Grossen und Preussens überhaupt 1680 bis 1786. Separatabdruck aus Schmollers Jahrbuch für Gesetzgebung, Verwaltung und Volkswirtschaft. Neue Folge Bd. VIII, X, XI. 1884, 1886, 1887.

August Schumann: Vollständiges Staats-, Post- und Zeitungslexikon von Sachsen. Zwickau 1823.

Staats- und socialwissenschaftliche Forschungen. Herausgegeben von Gustav Schmoller. Bd. X, XI, XII.

Friedrich Georg Wieck: Industrielle Zustände Sachsens. Chemnitz 1840.

Martin Zeiller: Topographia Superioris Saxoniae. 1650.

Inhaltsübersicht.

Einleitung: Beginn des Freiberger und des sächsischen Bergbaus überhaupt. Beginn des Schneeberger und Annaberger Bergbaus. — Erstes Vorkommen des Kobalts um 1500, Unkenntnis seines Wertes. Der Name Kobalt. Seine Wirkung auf den Schneeberger Bergbau. — Chemische Beschaffenheit des Kobalts, Arten desselben, welche in Sachsen und besonders im Schneeberger Revier vorkommen. Verbreitungsgebiete des Kobalts in Deutschland und dem übrigen Europa. Verarbeitung der Kobalterze, seine Verwendung.

Kapitel I: Die Anfänge der Kobaltgewinnung und Kobaltverwertung in Schneeberg. Die Zeit bis 1609.

Die ersten Anfänge dieser Industrie sind in Dunkel gehüllt. Fehlen aktenmässigen Materials. — Peter Weidenhammer um 1520 Erfinder der blauen Farbe, verkauft sie nach Venedig. — Christian Schürer vervollkommnet die Weidenhammersehe Erfindung um 1540, von ihm lernen Holländer in Nürnberg die blaue Farbe kennen, sie erbauen in Holland Farbmühlen und beziehen den Kobalt für sie aus Schneeberg. — Die Safflorbereitung in Schneeberg ist anfangs nur von geringem Umfang, und in den Händen einzelner kleiner Gewerke. Der Safflor geht von Schneeberg nach Nürnberg und von da nach Venedig etc. weiter. — Seit 1568 Herstellung einer blauen Lasurfarbe für Maler in Schneeberg durch Christoph Stahl. — 1575 Versuch des Jenitz und Harrer den Safflorhandel und die Lasurfarbbereitung zu einer grösseren Unternehmung zu organisieren, ihr Privilegium von Kurfürst August. Das Unternehmen erlischt mit dem Tode der Unternehmer 1589, ohne recht in Aufnahme gekommen zu sein. Nach 1589 ist es den einzelnen Kobaltgewerken wieder erlaubt, ihren selbst hergestellten Safflor frei zu verhandeln. — Entwickelung des landesfürstlichen Bergregals, seine Anwendung auf den Schneeberger Kobaltbergbau um die Wende des 16. und 17. Jahrhunderts, Überwachung der Safflorherstellung durch die kurfürstlichen Bergbeamten. Regelung der landesherrlichen Abgaben. Heranziehung der holländischen Kaufleute zu einer Steuer von dem durch sie aufgekauften Safflor und Kobalt. Umwandelung des Safflorhandels in eine rein fiskalische Unternehmung, an deren Spitze der kurfürstliche Zehnter steht. 1609.

Kapitel II: Der Schneeberger Kobalt- und Safflorhandel als fiskalische Unternehmung. Krisis und Verfall des Schneeberger Kobaltbergbaus in den zwanziger und dreissiger Jahren des 17. Jahrhunderts. Die Zeit von 1610—1639.

Anfängliche günstige Folgen dieser Umänderung, Steigerung des Preises und des Absatzes. Hervortreten von Übelständen in der Folgezeit. Ausnutzung der Kobaltgewerken im Interesse des landesherrlichen Geldbeutels. Überlassung des Betriebes an fremde Unternehmer für mehrere Jahre gegen eine einmalige Baarzahlung an den Fiskus. Einwirkungen der allgemeinen wirtschaftlichen und politischen Krisen in jener Zeit. — Organisation der fiskalischen Verwaltung. Kobaltkontrakt mit den Holländern 1610—1616. Übersicht über die Einnahmen und Ausgaben des Zehnters aus dem Safflorhandel 1610 und 1611. Weitere Ausgestaltung der fiskalischen Verwaltung. Erneuerung des Kobaltkontraktes mit den Holländern 1616—1620. Klagen der Gewerke über Steuerdruck und zu niedrige Preise. Kobaltordnung von 1617. Missstände in der Praxis dadurch nicht beseitigt. Erneuerte Beschwerden der Kobaltgewerke darüber und über rückständige Bezahlung, Bitte um Gestattung der freien Verhandelung. Die Zeit der Kipper und Wipper in Sachsen, furchtbare Preissteigerung auf allen Gebieten. Nachlassen der Grubenerträgnisse, hervorgerufen durch die eintretende Vernachlässigung der Gebäude wegen Kapital- und Kreditmangels. Fördertabellen von 1620—1639. Trotz des Wunsches der Gewerken nach freier Verhandelung Abschluss eines neuen Kobaltkontraktes mit den Erfurtern auf 12 Jahre, weil der Kurfürst zu sehr finanziell von der Hülfe auswärtiger Kaufleute abhängig

Versuch der Erfurter gegen ein Darlehen von 50000 fl. an den Kurfürsten und eine jährliche Abgabe von 4000 fl. den bisher fiskalischen Safflorhandel erblich in ihre Hände zu bringen. Einwilligung des Kurfürsten. Widerstand des Oberbergamtes, der Versuch scheitert. Klagen der Gewerken über rückständige Bezahlung und zu niedrige Preise, Bitte um Gestattung der freien Verhandelung. In Folge von Klagen seitens der Kontrahenten wird dem Zehnter die Verwaltung des Safflorwerkes genommen und einem eigenen Beamten unterstellt. 1624 treten die Erfurter ihren Kontrakt an den Kammerherrn Christoph Karl von Brandenstein ab. Kontrakt mit von Brandenstein auf 12 Jahre, weitgehende Befugnisse des letzteren, Überlassung der ganzen Nutzung des Safflorhandels an diesen, nachdem er dem Kurfürsten 22000 fl. vorgeschossen und die Bezahlung der von den Gewerken zu fordernden Rückstände von über 30000 fl. übernommen. Heftige Streitigkeiten zwischen von Brandenstein und den Gewerken. Brandenstein tritt 1625 freiwillig von dem Kontrakt zurück. Gestattung der freien Verhandelung für die Gewerken 1625. Die von den Gewerken an sie geknüpften Hoffnungen erfüllen sich nicht. Deshalb 1627 Schliessung eines neuen Kobaltkontraktes mit Hans Friese aus Hamburg und Daniel de Briers aus Frankfurt am Main. Der Kontrakt wird 1628 wegen Widerstandes der Gewerken wieder rückgängig gemacht. In der Folgezeit gänzlicher Niedergang des Schneeberger Bergbaus. Verwüstung Schneebergs durch den Krieg im Anfang der dreissiger Jahre. Versumpfung der meisten Gruben wegen Vernachlässigung der Wasserstollen.

Kapitel III: Das Aufkommen der sächsischen Blaufarbenwerke. Die Zeit von 1640—1653.

Eintreten relativ ruhigerer Zeiten, allmähliches langsames Steigen der Kobalterträgnisse. Förderungstabellen von 1640 bis 1655. Auftauchen des Wunsches nach einem neuen Kobaltkontrakt. Erste Versuche zur Erbauung von Farbmühlen im eigenen Lande. Vorbereitende Schritte zur Schliessung eines allgemeinen Kobaltkontraktes. Widerstand einzelner Gewerke dagegen. 1641 Schliessung eines Interimskontraktes mit Hans Friese aus Hamburg und Veit Hans Schnorr aus Schneeberg. Der Kobaltgewerke Hans Burkhardt, bisher mit Ulrich Röhling hauptsächlicher Gegner des Kontraktes, giebt seinen Widerstand dagegen auf und meldet sich als Mitkontrahent zu dem Hauptkontrakt. Ende 1641 Schliessung eines alle Kobaltgewerken umfassenden Kontraktes mit Hans Burkhardt, Schnorr und Friese, den ersten beiden wird erlaubt im Kurfürstentum eigene Farbmühlen zu erbauen. 1642 Erbauung des Oberschlemaer Farbwerkes durch Burkhardt. — Schnorr besass schon seit einigen Jahren eine solche in der Schönbergschen Herrschaft Hartenstein. — Gefährdung des neuen Kobaltkontraktes durch Streitigkeiten zwischen Gewerken und Kontrahenten und den Tod Hans Frieses, an seiner Stelle tritt 1644 der Leipziger Kaufmann Sebastian Öhme in den Kontrakt ein gegen die Erlaubnis ebenfalls eine Blaufarbmühle in Sachsen erbauen zu dürfen. Nach Ablauf des Kontraktes 1647 Weigerung Burkhardts in einen neuen Kontrakt zu treten, daher noch einmal für kurze Zeit Eintreten freier Verhandelung. 1649 Gewinnung des Schneeberger Kaufmanns und Gewerken Erasmus Schindler für einen neuen Kontrakt gegen die Erlaubniss eine Farbmühle bauen zu dürfen. In Folge dessen noch 1649 Schliessung eines neuen Kobaltkontraktes mit Schindler, Schnorr, Burkhardt und Öhme. 1651 nach dem Tode Burkhardts gelangt der Kurprinz in den Besitz des Oberschlemaer Blaufarbenwerks. Wunsch der Blaufarbenwerksbesitzer nach Erteilung eines Privilegs, nach dem innerhalb von 12 Jahren in Sachsen kein neues Blaufarbenwerk concessioniert werden darf. Erteilung dieses Privilegs am 14. September 1653, durch welches die Basis für die bis heute bestehenden Verhältnisse in der sächsischen Blaufarbfabrikation gegeben war.

Kapitel IV: Schluss.

Kurze Übersicht über die weiteren bis 1718 geschlossenen Kobaltkontrakte. Umwandelung des kurfürstlichen Werks zu Oberschlema in ein doppeltes. Allmähliche Vereinigung der Blaufarbenwerke zu einer Blaufarbenwerkskompagnie. Schliessung des sächsischen Privatblaufarbenwerksvereins und Concentrirung der 3 Privatblaufarbenwerke in eins in Niederpfannenstiel. 1845. Verhältnis zu dem fiskalischen Blaufarbenwerk zu Oberschlema.

Beilagen.

No. I. Privilegium Kurfürst Augusts für den Kammersekretair Hans Jenitz und den Kammermeister Hans Harrer. 15. November 1575.

No. II. Kobaltkontrakt mit Daniel de Briers aus Frankfurt am Main und Hans Friese aus Hamburg. Neujahrsmarkt 1627.

No. III. Hauptkobaltkontrakt vom 5. September 1641.

No. IV. Privilegium für die Schindlersche Blaufarbenmühle. 7. September 1650.

No. V. Privilegium Kurfürst Johann Georgs für die 4 Blaufarbenmühlen der sächsischen Kobaltkontrahenten. 14. September 1653.

No. VI. Verzeichnis der für die Arbeit benutzten Aktenstücke.

No. VII. Verzeichnis der benutzten Litteratur.

Inhaltsübersicht.

Lebenslauf.

Ich, Ernst Wilhelm Joachim Bruchmüller wurde geboren am 17. Juni 1872 zu Genninsch-Warthebruch als der Sohn des Pastors Wilhelm Bruchmüller und seiner Ehefrau Ida Bruchmüller, geb. Schwebes, und gehöre der evangelischen Confession an. Den ersten Schulunterricht erhielt ich im Vaterhause durch meinen Vater. Michaelis 1884 wurde ich sodann in die Quinta des Gymnasiums zu Guben aufgenommen, das ich bis zur Unterprima besuchte. Die Prima absolvierte ich auf dem Gymnasium zu Stralsund, das ich Michaelis 1892 mit dem Zeugnis der Reife verliess, um Geschichte und Philologie zu studieren. Darauf studierte ich von Michaelis 1892 bis Ostern 1895 fünf Semester in Leipzig und ging dann, nachdem mein Vater am 1. Februar 1895 gestorben war, für ein Semester nach Greifswald mit der Absicht, dort das philologische Staatsexamen zu machen, kehrte aber schon im Wintersemester 1895/96 nach Leipzig zurück, wo ich noch 2 Semester bis zum August 1896 studierte. In der Zeit vom August 1896 bis zum Januar 1897 hielt ich mich abwechselnd in Dresden und in meiner Heimat Tammendorf, Kreis Crossen a. O. auf, hauptsächlich mit der Abfassung meiner Dissertation beschäftigt.

In Leipzig hörte ich Vorlesungen bei den folgenden Herren Professoren: Brieger, Elster, Gess, Busch, Witkowski, Fricke, Hasse, Wenck, Arndt, v. Bahder, Brugmann, Siewers, Lamprecht, Steindorf, Roscher, Stein, Holz, Marcks, Brandenburg, Buchholz, v. Miaskowski und Heinze, und nahm Teil an den Übungen folgender Herren Docenten Arndt, Gess, Lamprecht, Holz, Marcks, Geffcken, Elster und Ed. O. Schulze.

In Greifswald besuchte ich die Vorlesungen bei folgenden Herren Professoren: Credner, Fuchs, Ullmann, Bernheim und Reifferscheid, und nahm Teil an den Übungen der Herren Professoren Credner, Ullmann und Reifferscheid, in dem staatswissenschaftlichen Seminar des Herrn Professor Dr. Fuchs, welcher in dem Semester meiner Anwesenheit in Greifswald keine Übungen abhielt, fertigte ich eine grössere wirtschaftsgeschichtliche Arbeit an.

Allen diesen Herren schulde ich für die Förderung, die sie mir in Vorlesungen und Übungen gewährt haben, Dank. Von besonderem Einfluss auf meinen Bildungsgang waren die Herren Professoren Arndt, Marcks, Fuchs und Lamprecht, besonders der letztere, dem ich auch die Anregung zu der vorliegenden Arbeit verdanke. Zuletzt darf ich auch nicht der Anregung und Förderung vergessen, die mir für meine Arbeit Herr Dr. Robert Wuttke in Dresden in der aufopferndsten Weise und im reichsten Masse während des letztverflossenen Jahres zu Teil werden liess.

Ihnen allen sei hier noch einmal mein aufrichtigster Dank ausgesprochen.